ADOLPHE JOANNE

GÉOGRAPHIE
DE
L'HÉRAULT

11 gravures et une carte

Joanne, Adolphe
Géographie de l'Hérault

HACHETTE ET Cie

GÉOGRAPHIE

DU DÉPARTEMENT

DE L'HÉRAULT

AVEC UNE CARTE COLORIÉE ET 11 GRAVURES

PAR

ADOLPHE JOANNE

AUTEUR DU DICTIONNAIRE GÉOGRAPHIQUE ET DE L'ITINÉRAIRE
GÉNÉRAL DE LA FRANCE

PARIS
LIBRAIRIE HACHETTE ET CIE
79, BOULEVARD SAINT-GERMAIN, 79

1882

Droits de traduction et de reproduction réservés

TABLE DES MATIÈRES

DÉPARTEMENT DE L'HÉRAULT.

I	1	Nom, formation, situation, limites, superficie.	3
II	2	Physionomie générale	4
III	3	Cours d'eau	14
IV	4	Climat	28
V	5	Curiosités naturelles	29
VI	6	Histoire	32
VII	7	Personnages célèbres	47
VIII	8	Population, langues, cultes, instruction publique	49
IX	9	Divisions administratives	50
X	10	Agriculture	53
XI	11	Industrie ; produits minéraux	55
XII	12	Commerce, chemins de fer, routes, canaux	60
XIII	13	Dictionnaire des communes	64

LISTE DES GRAVURES

1	Cette	11
2	Isthme des Onglous	15
3	Pont-Vinas, à Lodève	21
4	Minerve	31
5	Maguelone	39
6	Béziers	41
7	Montpellier	45
8	Église de Frontignan	69
9	Ancienne cathédrale de Lodève	71
10	Cathédrale et Faculté de médecine, à Montpellier	73
11	Pont romain de Saint-Thibéry	75

4887. — Imprimerie A. Lahure, rue de Fleurus, 9, à Paris.

DÉPARTEMENT
DE L'HÉRAULT

I. — Nom, formation, situation, limites, superficie.

Le département de l'Hérault doit son *nom* au principal de ses fleuves côtiers, l'Hérault, qui, du nord-nord-est au sud-sud-est, le divise en deux parties inégales, celle de l'ouest étant près de deux fois plus grande que celle de l'est.

Il a été *formé*, en 1790, aux dépens du BAS-LANGUEDOC, fraction du **Languedoc**, l'une des provinces de l'ancienne France, la seconde pour l'étendue. Les portions de l'ancien Languedoc qu'il comprend sont : le *Maguelonais* ou diocèse de Montpellier ; le *Lodévois* ou diocèse de Lodève ; l'*Agadès* ou diocèse d'Agde ; le *Béderrois* ou diocèse de Béziers ; le *pays de Thomières* ou diocèse de Saint-Pons, et une partie du *Minervois*, qui dépendait du diocèse de Narbonne.

Département maritime, l'Hérault, sauf une petite portion de son territoire qui se trouve au nord de l'axe des Cévennes, dans le bassin de la Garonne, est *situé* dans la région méridionale et méditerranéenne de la France. Il est compris entre 43° 12′ 46″ et 43° 57′ 51″ de latitude et 0° 12′ 10″ et 1° 46′ de longitude est. Il est donc un peu moins éloigné de l'Équateur que du Pôle, séparés l'un de l'autre par 90 degrés ou un quart de cercle.

Il a pour *limites*: au nord, les départements du Gard et de l'Aveyron ; à l'ouest, celui du Tarn ; au sud, le département de l'Aude et la Méditerranée ; à l'est, le département du

Gard. Deux départements, l'Aude et les Pyrénées-Orientales, le séparent de l'Espagne ; trois, le Gard, Vaucluse et les Basses-Alpes, le séparent de l'Italie ; sept départements, sans compter la Seine, le séparent de Paris, qui sont l'Aveyron, le Cantal, le Puy-de-Dôme, l'Allier, le Cher, le Loiret, Seine-et-Oise. Son chef-lieu, Montpellier, est à 590 kilomètres au sud-sud-est de Paris à vol d'oiseau, à 775 par le chemin de fer de Brioude, à 841 par celui de Tarascon. Quant à sa distance de St-Amand-Mont-Rond (Cher), ville qu'on peut regarder comme occupant assez exactement le milieu de la France, il y a environ 575 kilomètres en ligne droite entre cette ville et Montpellier, qui est à peu près sous la même longitude que Mons (Belgique), Avesnes-sur-Helpe, Vervins, Reims, Château-Thierry, Troyes, Tonnerre, Avallon, Château-Chinon, le Puy-en-Velay ; à peu près sous la même latitude que Bayonne, Auch, Toulouse, Castres, Aix-en-Provence, Draguignan, Cannes.

Ses limites sont en grande partie conventionnelles ; mais il a aussi des limites naturelles : au nord, la Virenque le sépare pendant quelques kilomètres du département de l'Aveyron ; au nord et à l'est, la Vis et le Vidourle, du département du Gard ; au sud et au sud-est s'étend la Méditerranée.

La *superficie* du département de l'Hérault est de 619,799 hectares : sous ce rapport, c'est le 38ᵉ département, en d'autres termes 37 sont plus étendus. Sa plus grande *longueur*, de l'est-nord-est à l'ouest-sud-ouest, du cours du Vidourle à Félines-Hautpoul, est de 145 kilomètres ; sa plus grande *largeur*, du nord au sud, du lit de la Virenque à Agde, est de 76 kilomètres.

II. — Physionomie générale.

Toute la partie septentrionale du département de l'Hérault est occupée par les montagnes des Cévennes, dont la chaîne court du sud-ouest au nord-est, et par une portion du plateau du Larzac. Ces montagnes sont séparées, au sud, par une vaste zone de collines et de plaines de la Méditerranée, bordée d'une plage de sable d'où s'élancent deux collines isolées, le Saint-Clair et le volcan de Saint-Loup, et en arrière de laquelle s'étendent des étangs allongés, que des « graus » ou passages mettent en communication avec la mer. Le département, dont le territoire est incliné en moyenne vers le sud-sud-est, offre donc trois régions distinctes : les Cévennes, les collines et le littoral.

Les **Cévennes**, dont le développement total est d'environ 215 kilomètres, sont les montagnes les plus importantes de cette série de chaînes qui se développe en un demi-cercle immense au sud et à l'est du Plateau Central et forme la ligne de séparation entre les eaux tributaires de l'Océan et les affluents de la Méditerranée. Les Cévennes constituent un bourrelet étroit et sinueux qui va sans interruption du seuil de Naurouze au mont Pilat et au Rhône. Souvent le nom local change : monts de Saint-Félix, Montagne-Noire, Saumail, Espinouze, etc.; mais la ligne se continue sans cesse avec une direction générale sud-ouest nord-est.

Après avoir couvert de leurs ramifications quelques communes de la Haute-Garonne, des cantons de l'Aude, une grande partie du Tarn, les Cévennes entrent dans l'Hérault à l'est du Roc de Peyremaux et de la fontaine des Trois-Évêques. Leurs eaux se jettent, au nord, par le Thoré, dans l'Agout, sous-affluent de la Garonne, au sud dans la Cesse, qui appartient au versant de la Méditerranée. Leurs flancs renferment de nombreuses mines de fer, de plomb, de cuivre, de manganèse et d'importants gisements houillers. A leur base se creusent des gorges sauvages, arides, profondes.

Ce n'est pas dans l'Hérault que les Cévennes ont leur point culminant, et aucun de leurs sommets n'y dépasse de beaucoup 1100 mètres. Un de leurs cols ou brèches y descend à une altitude de 350 mètres : c'est la brèche de *la Bastide* (à l'ouest de Saint-Pons) ou de *la Fenille*, où le chemin de fer de Mazamet à Bédarieux franchit l'axe des Cévennes par un souterrain long de 760 mètres.

La cime la plus haute du département, 1122 mètres,

s'élève au-dessus des sources de l'Agout, au nord d'Olargues et à l'ouest de Saint-Gervais, non loin des limites du Tarn et de l'Aveyron, dans le massif appelé **monts de l'Espinouze** et qui se rattache aux monts de Lacaune (Tarn). Ce massif, qui forme un nœud important donnant naissance à l'Agout et au Dourdou, affluents du Tarn, et à des tributaires de l'Orb, est fait de gneiss, de schistes, de lias, de terrains houillers (bassins de Graissessac) ; çà et là il est troué par des roches éruptives. Raviné de brèches, d'anfractuosités et de cirques, dépouillé par les siècles, fort abrupt, le versant méridional des monts de l'Espinouze offre un grand caractère, et sa hauteur paraît plus considérable qu'elle ne l'est en réalité. Quelques cimes voisines du point culminant du département dépassent comme lui 1100 mètres. L'altitude atteint 1118, 1103, 1102 mètres aux sommets que revêtent la *forêt de Bureau* et le *bois de Sause*, d'où descendent vers le Jaur de maigres torrents dans des ravins déchirés. Le *Plo des Brus*, au sud de Castanet-le-Haut, a 1100 mètres ; le *Saumail*, au nord de Saint-Pons, 1019 ; le *Roc de Belleviste*, son voisin (au nord-est), 1081 mètres. Le *mont de Caroux*, qui plonge par des murailles de rochers sur la riante vallée de l'Orb, s'élève à 1093 mètres. Au nord-est de la *Croix-de-Mounis*, la *montagne de Marcou* (1094 mètres), le *mont Cabanes* et le *mont Agut* (1023 mètres), sur lesquels passe la limite de l'Aveyron, le *mont Redon* (947 mètres), la *montagne de Montmare* (955 mètres), le *Roc Malaurède* (815 mètres), le *Roc des Trois-Terres* (787 mètres) dominent les gorges profondes et tourmentées des affluents de la Mare, et en particulier celles de Graissessac.

Au sud de Saint-Pons et d'Olargues, entre le val du Jaur et les limites de l'Aude, des monts déchirés bornent et sillonnent le pittoresque bassin de la Cesse, autour de Minerve, village qui a donné le nom de Minervois à la contrée que parcourent la Cesse et d'autres affluents de l'Aude. La Cesse, dont le large lit pierreux est en partie à sec pendant huit à dix mois de l'année, et qui vient de s'engouffrer sous un porche de rochers, s'y unit au Brian, à la base d'un promontoire presque vertical, d'une grande hauteur. Ce site, que l'effroi religieux consacra jadis à Minerve, est l'un des plus étranges du midi de la France : les rochers à pic s'y confondent avec les ruines ; les traînées de cailloux des deux torrents, les cavernes où mugit la Cesse, les collines altérées et brûlées, tout frappe d'autant plus dans ce paysage presque saharien, que l'on est près de la **Montagne-Noire**, où les vallons sont frais et verts, où les torrents coulent à pleins bords. La Montagne-Noire a sa plus haute cime, le *Pic de Nore* (1210 mètres), sur la frontière commune au Tarn et à l'Hérault ; sur le territoire de l'Hérault, l'altitude de ses croupes varie entre 500 et 1022 mètres.

L'Espinouze s'arrête sur la profonde vallée de l'Orb ; entre ce fleuve et l'Ergue, affluent de l'Hérault, les Cévennes prennent, de Bédarieux à Lodève, le nom d'**Escandorgue**. Formée de schistes, de lias, de calcaires, avec manifestations volcaniques, l'Escandorgue est peu élevée, n'ayant guère que de 400 à 800 mètres. On y remarque l'un des sites de rochers les plus admirables du Midi, le cirque de Mourèze (*V.* p. 30).

De l'Ergue à la rive droite de l'Hérault, et au delà de ce fleuve, les Cévennes portent le nom de **Garrigues**. Ici elles sont nues ou couvertes d'arbustes ou d'arbres étiolés, et notamment de kermès. Elles ont des hauteurs de 400 à 848 mètres et à 943 mètres, altitude du *Roc Blanc*, point culminant de la **Seranne**, montagne qui domine en superbes escarpements les étroites et profondes gorges de la Vis, en face du *Pic d'Anjau* (865 mètres), au sud-ouest de Ganges.

L'Escandorgue et les Garrigues forment le rebord méridional du **Larzac**, vaste plateau de 60,000 hectares, en grande partie compris dans l'Aveyron. Ce plateau ou causse, « haut de 750 à 900 mètres, dit M. O. Reclus, n'est pas plus gai que les causses du Rouergue, du Quercy, du Gévaudan, dont il partage la marâtre nature, sauf dans les fonds où quelque humus s'est à la longue amassé. Il est pauvre d'eau, pauvre de sucs, pauvre d'herbes, pauvre d'arbres, froid ou chaud suivant l'heure et le jour. Il ne garde pas ses ruisseaux, qui, ne laissant d'eux qu'un aride escalier, s'enfoncent dans le sol pour rejaillir en admirables fontaines, comme celle de la Vis, véritable origine de l'Hérault, celle de la Sorgues, vraie mère du Dourdou, comme celle du Durzon l'est de la belle et claire Dourbie. Le Larzac s'achève sur la Vis, la Dourbie, le Tarn, la Sorgues, l'Ergue par des falaises grandioses. »

De la montagne de Seranne, point culminant des Garrigues (*V.* ci-dessus), se détachent des chaînons qui vont aussi plonger sur la rive droite de l'Hérault par des pentes rapides ou de hauts murs calcaires, tandis que, sur la rive gauche du même fleuve, se dressent les rochers, calcaires aussi, du *Bois-de-Pons*, de la *Suque*, du *Bois-de-Bouis*, de la montagne de *Labat*, de la *Sellette* (544 mètres), de *Puéchabon*, etc. Entre ce double escarpement se creusent les admirables *gorges de Saint-Guilhem-le-Désert* : l'Hérault y roule en tumulte des eaux d'une merveilleuse transparence ; ici des gouffres, là des rapides, là des cascades ; ailleurs de petites sources vives filtrant le long des rocs ou sautant de leur sommet ; plus bas, l'Hérault, immobile et sombre, baignant le pied du rocher d'où tombe la bruyante cascade de la Clamouse (*V.* p. 30) ; plus bas encore, le pittoresque pont du Diable, jeté à une grande hauteur au-dessus du torrent.

En aval, les gorges de l'Hérault s'élargissent, et le fleuve entre dans la région des collines. Toute la partie du département située entre les Cévennes et la mer, la basse vallée de l'Orb, les collines des arrondissements de Béziers et de Montpellier, n'étaient naguère qu'un immense vignoble, le premier de la France en étendue, mais où le phylloxera a exercé bien des ravages. Aux vignes se mêlent l'olivier, le mûrier, les arbres fruitiers.

L'Hérault a 90 à 100 kilomètres de côtes sablonneuses,

commençant, au sud-ouest, à l'embouchure du nouveau lit de l'Aude, au golfe du grau de Vendres. Ce golfe reçoit les eaux de l'étang de Vendres (*V.* ci-dessous, p. 27). On remarque ensuite, en longeant la côte vers le nord-est, l'établissement de bains de mer de Sérignan à l'embouchure de l'Orb, le golfe de la Grande Maïre, l'embouchure du Libron canalisé, celle de l'Hérault, défendue par le fort du Grau et éclairée par deux phares, et la petite *île* du fort *Brescou*, vis-à-vis du cap d'Agde, derrière lequel l'étang de Luno (*V.* p. 27) est dominé par le **Pic de Saint-Loup**, qui couronne les collines d'Agde comme une sorte de dôme. La montagne de Saint-Loup ainsi que celle de Cette ou de *Saint-Clair* (180 mètres) sont d'anciennes îles rocheuses rattachées au continent par le progrès des alluvions fluviales. Le Pic de Saint-Loup, séparé par un vallon de la montagne d'*Hortus* et dominant au nord le bassin du Lez, n'a que 653 mètres d'altitude ; mais sa forme conique, l'escarpement de ses flancs, son isolement, son éloignement de sommets plus importants lui donnent beaucoup de grandeur. Le promontoire de Cette est formé de calcaires crétacés ou jurassiques ; mais les collines d'Agde étaient jadis des volcans insulaires.

Il faut gravir le Pic de Saint-Loup, superbe observatoire d'où l'on peut contempler tout le littoral méditerranéen, des bouches du Rhône aux promontoires pyrénéens, pour voir s'ouvrir à ses pieds l'ancien cratère ébréché dont les pentes s'inclinent du côté de la mer. Des coulées de lave se sont épanchées dans toutes les directions : l'une d'elles forme le cap d'Agde, et, se continuant par-dessous les flots, reparaît à la surface par l'îlot de Brescou. Agde elle-même, « la ville noire », est bâtie avec les laves de son volcan éteint. Ce volcan est certainement d'un âge récent ; peut-être vomissait-il encore des laves du temps des Volces Arécomiques. Quelques petits cratères de moindre importance se reconnaissent dans les environs, à l'ouest du cours de l'Hérault, notamment celui de Saint-Thibéry, à 12 kilomètres au nord. Entre Roujan et Gabian, le *Pic de Sainte-Marthe* (215 mètres) conserve des traces volcaniques. A l'est, la petite gibbosité du sol qui porte l'église de Maguelone est aussi d'origine volcanique. A 7 kilomètres au nord de Montpellier, Montferrier est bâti, près du Lez, avec des basaltes, sur une colline volcanique émergeant de terrains calcaires. A 4 kilomètres plus à l'ouest, à Valmaillargues, se trouve un autre lambeau de terrain basaltique, etc.

La montagne de Cette est située entre la mer et l'étang de Thau, qui la sépare des *monts* liasiques *de la Gardiole* (256 mètres), dominant Frontignan. Les monts de la Gardiole sont séparés à leur tour par un vallon de la *montagne de la Moure* (306 mètres).

Avant que les alluvions eussent rattaché les îles au continent, le littoral était tout autre. L'ancien tracé de la côte est encore indiqué par de vastes étangs. Long de 13 à 14 kilomètres, élevé de 50 centimètres au plus au-dessus de la Méditerranée, le cordon littoral couvert de salines qui sert d'assise au chemin de fer de Toulouse à Cette est un étroit bourrelet de sable, appelé isthme des Onglous (*V.* p. 13), jeté du volcan d'Agde à la montagne de Cette, entre la mer et l'**étang de Thau**. Cet étang est un lac navigable, mais souvent agité par la tempête, long de 20 kilomètres sur 2 à 6 de largeur, et vaste de 7000 à 8000 hectares. Il communique avec la mer par un canal qui est la principale branche méditerranéenne du canal du Midi. En outre, un chenal, dragué dans l'étang et dans tous ceux qui le prolongent à l'est vers le delta du Rhône, permet aux bateaux à fond plat de suivre la ligne intérieure du rivage marin sur un espace de près de 60 kilomètres : c'est le *canal des Étangs*. Au milieu de l'étang de Thau, dont les eaux sont salées comme celles de la mer, entre les Bains de Balaruc et Bouzigues, vis-à-vis de l'embouchure de l'Avène, jaillit la source abondante de l'*Avysse* ou l'*Abysse* (*abyssus*, abîme), qui est peut-être une des branches souterraines de l'Hérault. « Vers l'extrémité orientale de l'étang, une autre source d'eau douce alimente le bassin, mais seulement en hiver ; vers la fin d'avril, la fontaine

Cette.

est tarie, et, par un mouvement inverse, l'eau salée descend en tournoyant dans les galeries profondes : c'est le gouffre d'*Enversac* ou d'*Embressac*. Les bords limoneux de l'étang de Thau doivent à leur fertilité l'existence de plusieurs agglomérations industrielles : Mèze, Marseillan, Bouzigues, Poussan, en communication active avec Cette. « Le port de Cette, dit M. Amédée Burat, est la tête de cette activité ; sa position en a fait un centre vers lequel convergent tous les mouvements de la côte. Cette est un des rares ports de la France qui aient d'ordinaire l'avantage de renvoyer des navires avec un chargement plein, grâce au volume des denrées qui lui servent de frêt. Mais sa position est telle qu'il reçoit par les courants des quantités considérables d'atterrissements provenant du delta du Rhône. » Pour assurer l'entrée et la sécurité du port, des travaux ont été exécutés depuis la Restauration ; de nouvelles améliorations ont été votées par les Chambres en 1880.

Au nord-est de Cette, la côte se présente aussi sous la forme d'un bourrelet de sables très bas et n'ayant le plus souvent que quelques décamètres de largeur. Étroit comme il l'est, ce bourrelet suffit à maintenir l'isolement qu'il créa entre la Méditerranée et les anciens golfes qui sont devenus l'*étang d'Ingril* ou *de Frontignan* (1000 hectares), celui *de Palavas* ou *de Vic* (1500 hectares), ceux *de Peyreblanque, des Moures, de l'Arnel, du Prévost*, qu'on réunit quelquefois sous le nom d'*étang de Maguelone* (1300 hectares), du nom de la bourgade ruinée, jadis port important, qui occupe l'une de ses deux îles. L'étang de Maguelone est séparé de celui *de Pérols* (1200 hectares) par la bande sablonneuse où coule le Lez canalisé, qui va se jeter dans la mer à Palavas, dont la belle plage de sable est très fréquentée par les habitants de Montpellier. L'*étang de Mauguio* ou *de l'Or* dont les bords sont, comme ceux des autres étangs, couverts de salines, a 3600 hectares de superficie, 12 kilomètres de longueur et 3 kilomètres de largeur moyenne.

A l'est de l'étang de Mauguio commence le littoral du département du Gard.

Isthme des Onglous.

III. — Cours d'eau.

Les eaux du département de l'Hérault se partagent d'une façon très inégale entre la Méditerranée et l'Océan, ce dernier ne recevant que les eaux d'une petite partie de l'arrondissement de Saint-Pons.

Fleuves côtiers. — La Méditerranée reçoit, de l'est à l'ouest : le Vidourle, le Lez, l'Hérault, le Libron, l'Orb et l'Aude. Ces fleuves, qui méritent à peine ce nom en raison du peu d'étendue de leurs bassins et du peu d'importance de leur volume d'"eau, ont pourtant modifié complètement depuis les époques historiques la physionomie du littoral. Ce sont leurs apports de limon qui ont atterri les étangs et qui, formant un bourrelet le long de la côte, ont permis aux sables marins de s'accumuler, de fermer les graus, et d'anéantir ainsi des ports autrefois prospères.

Le **Vidourle** naît dans le département du Gard, par 630 mètres environ d'altitude, à l'est de Saint-Romans-de-Codières, entre la montagne du Liron, au nord, et la montagne de la Fage, au sud. Au delà de Sommières, il commence à séparer les départements de l'Hérault et du Gard ; mais ce n'est qu'en face de Lunel, un peu en amont de Marsillargues, que la limite passe sur la rive gauche et que le Vidourle appartient alors à l'Hérault. Il passe au pied des belles roches d'Aubais, puis à Marsillargues, à Saint-Laurent-d'Aigouze, traverse le canal de la Radelle, entre dans le département du Gard et se jette dans l'étang de Repausset et de là dans la mer au grau du Roi. Autrefois il débouchait dans l'étang de Mauguio par la branche de *Cogul*, aujourd'hui atterrie. Cours, 100 kilomètres (dont 25 dans le département de l'Hérault) dans une vallée pittoresque. Les crues subites et terribles du Vidourle, appelées *Vidourlades*, sont dues à la dénudation des montagnes dans son bassin supérieur. — En amont de son entrée dans le département de l'Hérault, le Vidourle reçoit, dans le département du Gard, le *Bresta-lou*, qui naît au pied du signal de Lafoux (410 mètres), près de Lauret (Hérault), se grossit du *Rieutort*, du *Rieufrech* et du *Brestalou de Claret*, passe près du gouffre de Pescanticu et a son embouchure entre Quissac et Vic-le-Fesq. — Dans le département de l'Hérault, le Vidourle recueille les eaux de la *Bénovie* (19 kilomètres), qui descend des hauteurs de Sainte-Croix-de-Quintillargues, baigne Fontanès, Saint-Bauzille-de-Montmel, Buzignargues, Galargues et se jette dans le Vidourle à Boisseron.

Entre l'embouchure du Vidourle et celle du Lez, on rencontre plusieurs ruisseaux qui autrefois se jetaient dans la mer ou dans les étangs et qui aujourd'hui se perdent dans les marais, dans les sables ou dans les canaux : — le *Dardaillon* (13 kilomètres), qui naît dans la commune de Restinclières, se jette dans le canal de Lunel ; — le *Berbian*, la *Viredonne* (15 kilomètres) et son affluent la *Bénouïde* se perdent dans les marais situés au nord de l'étang de Mauguio ; — la *Bérange*, un peu moins insignifiante, commence dans la commune de Saint-Drézery, reçoit de nombreuses fontaines près du château de Fontmagne et parcourt 20 kilomètres et demi avant de tomber dans l'étang de Mauguio ; — la *Cadoule* (21 kilomètres), qui prend sa source dans la commune de Montaud et qu'augmente l'*Aigues-Vives*, la *Salaison* (16 kilomètres) ou *Salaizon*, qui commence dans la commune de Guzargues et que grossissent le *Balauric* et le *ruisseau de Cassagnolles*, se jettent également, ainsi que le *ruisseau de Saint-Marcel*, dans l'étang de Mauguio. Un peu plus loin, le *ruisseau de Soriech* tombe dans l'étang de Pérols.

Le **Lez** (28 kilomètres) est formé, à 68 mètres d'altitude, dans la commune de Saint-Clément par une magnifique fontaine (1000 litres d'eau par seconde à l'étiage) jaillissant d'une paroi de rocher courbée en hémicycle et fait presqu'aussitôt mouvoir le moulin de Lafoux. Le Lez reçoit ensuite la belle fontaine de Bouledou et les eaux de plusieurs sources, laisse Prades sur la gauche, Saint-Clément sur la droite, contourne la butte basaltique de Montferrier, baigne le beau parc du château de la Valette, puis Castelnau et la colline sur laquelle était bâtie l'antique *Sextantio*. Au delà de la citadelle de Montpellier, le Lez devient un canal navigable au port Juvénal (l'ancien port de Montpellier), célèbre dans le monde savant par ses nombreuses plantes exotiques provenant du séchage des toisons du Levant. Ce canal traverse une grande plaine, laisse sur la gauche Lattes, qui fut autrefois une des escales les plus importantes du littoral, passe entre l'étang de Pérols, à l'est, et l'étang d'Arnel, à l'ouest, croise le canal des Étangs, et va se jeter dans la mer par le grau de Palavas. Le Lez reçoit le Lirou et la Mosson. — Le *Lirou* (8 kil.) sort d'une fontaine abondante (en hiver) du village des Matelles, reçoit la *Déridière*, l'*Yorgues*, le *Terrieu* (8 kilomètres) et la fontaine de la *Fleurette*, puis se mêle au Lez près du château de Restinclières. — La *Mosson* ou *Mausson*, principal affluent du Lez, naît à la fontaine de Mosson, à l'ouest de Montarnaud, se grossit de la *Garonne*, baigne Grabels, reçoit le *Rimassel*, passe devant l'établissement thermal de Foncaude, à Juvignac, reçoit plusieurs petits affluents sur la rive droite, puis le *Coulezou* ou *Colazon* (16 kilomètres ; il prend sa source dans le bois des Taillades de Gignac), croise le chemin de fer de Montpellier à Cette près de la station de Villeneuve et se jette dans le Lez aux cabanes du Lez. En été, la Mosson s'engouffre tout entière et reparaît deux fois. Cours, 39 kilomètres.

Plusieurs petits ruisseaux, nés dans la montagne de la Gardiole, se jettent dans l'étang de Vic et dans l'étang d'Ingril ou se perdent dans des marais aujourd'hui en voie de dessèchement. D'autres ruisseaux, tels que l'*Avène*, le *Pallas* (4 kilomètres), le *Valat*, tombent dans le grand étang de Thau, alimenté en outre par la source de l'Abysse (*V.* p. 10).

L'Hérault prend sa source dans la montagne granitique de l'Aigoual (1567 mètres), canton de Valleraugue (Gard), près des sources de la Dourbie, de la Jonte et du Tarnon, affluents du Tarn. Il se précipite de cascade en cascade dans une belle gorge rocheuse, au milieu de rochers et de bouquets d'arbustes et d'arbres. Sur un parcours de 10 kilomètres à vol d'oiseau à partir de sa source, il tombe d'une hauteur de 1,049 mètres. Puis la pente s'adoucit et l'Hérault serpente au milieu de belles châtaigneraies, avant de traverser, au delà de Valleraugue, des gorges rocheuses contournées en méandres, jusqu'à Pont-d'Hérault. Serpentant alors dans des gorges calcaires à peu près désertes, il entre dans le département de l'Hérault en amont de Ganges, arrose la Roque, longe les parois de la montagne de Thaurac aux grottes célèbres et aux nombreux avens, laisse Agonès sur la droite, baigne Saint-Bauzille-de-Putois, traverse les gorges célèbres de Saint-Guilhem-le-Désert, entre au pont du Diable dans une belle plaine, passe à Saint-Jean-de-Fos, puis laisse Aniane à gauche. L'Hérault s'approche ensuite de Gignac, baigne Canet, Belarga, passe entre Paulhan et Campagnan, près d'Usclas-d'Hérault et de Cazouls-d'Hérault. En aval de Pézenas, l'Hérault laisse Florensac sur la gauche et Bessan sur la droite. A partir de ce point, son lit canalisé est navigable. L'Hérault traverse Agde et tombe dans la Méditerranée au fort du Grau, après un cours de 164 kilomètres, dont 99 dans le département de l'Hérault. L'embouchure de l'Hérault est endiguée ; mais le courant violent par les temps de crue, les bancs de graviers en se formant, en déplaçant et limitant le tirant d'eau à moins de 3 mètres sur la barre, déterminent par certains vents des obstacles et des dangers. — Les affluents de l'Hérault sont la Vis, la Sumène, le Merdanson, l'Alzon, l'Avèze, la Buèges, le Lamalou, le torrent de Verdus, les sources de Clamouse, la Corbière, le Gassac, le Laveng, le Lagamas, la Lergue, la Dourbie, la Rouvièges, le Dardaon, la Boyne, la Peyne et la Tongue.

[La **Vis**, rivière aux eaux limpides, qui parcourt d'admirables gorges, prend sa source dans le Gard, sur la limite du département de l'Aveyron, au signal de Saint-Guiral (1349, 1365 et 1408 mètres), entre Alzon et Dourbies, près de l'axe des Cévennes, à l'opposite des sources d'affluents de la Dourbie, tributaire de la Garonne par le Tarn. Au delà de Nougarède, elle se précipite en cascatelles à Alzon, traverse une partie du Larzac et tombe dans une gorge profonde entaillée dans le plateau. Elle parcourt des gorges grandioses, forme la limite entre le Gard et l'Hérault, passe à Vissec et pénètre dans le département de l'Hérault un peu en amont du hameau de Navacelle. Au delà, elle traverse le hameau de Madières où elle quitte le Larzac pour couler entre les magnifiques escarpements des rochers de la Tude et d'Anjeau au nord et ceux de la Seranne au sud. Après avoir baigné Gorniès, Soutayrols, Saint-Laurent-le-Minier, la Vis envoie une dérivation qui fait mouvoir les usines du faubourg de Ganges et la « meuse » ou grande roue destinée à l'élévation des eaux au niveau de cette ville, puis se jette dans l'Hérault (rive droite), qu'elle dépasse en volume et en longueur, à 1200 mètres en amont de Ganges. Cours, 64 kilomètres, dont 21 dans le département. — La *Virenque*, son affluent, naît aussi au pied du Saint-Guiral, mais dans le département de l'Aveyron, coule d'abord parallèlement à la Vis, se détourne à l'ouest, passe à Sauclières, se fraye un passage dans le Larzac, puis, tournant brusquement à l'est, sépare le département de l'Hérault de celui du Gard, reçoit le *Chevalos* au camp d'Alton, et se jette, à 600 mètres en amont de Vissec, dans la Vis (rive droite), qu'elle dépasse en longueur de 12 kilomètres.

La *Sumène* ou *Rieutort* (12 kilomètres) naît dans le Liron (Gard), au pied d'un contrefort de 1180 mètres, baigne Cabanevieille, Sumène et se jette dans l'Hérault (rive gauche) au-dessous de Ganges.

Le *Merdanson* descend de la montagne des Cagnassès (709 mètres), chaîne blanchâtre qui domine la route de Saint-Hippolyte au Vigan, et se jette dans l'Hérault (rive gauche) à la Roche.

L'*Alzon* naît aux roches de Valette, près de Montoulieu, et grossit l'Hérault à Saint-Bauzille-de-Putois. Cours, 8 kilomètres et demi.

L'*Avèze* ou *rivière de Brissac* a 3 kilomètres de cours.

La *Buèges* sort au hameau de Méjanel, commune de Pégairolles, d'une magnifique source du petit cirque formé par la paroi du signal de Peyre-Martine (782 mètres), dans le chaînon de Seranne et donne son nom aux trois villages de la vallée, Pégairolles-de-Buèges, Saint-Jean-de-Buèges et Saint-André-de-Buèges, puis se jette dans l'Hérault au hameau d'Embougette. Cours, 14 kilomètres.

Le *Lamalou* ou la *Malou*, qui se forme par la réunion de plusieurs torrents du canton de Saint-Martin-de-Londres, apporte à l'Hérault, après un cours de 17 kilomètres environ, une partie des eaux de la montagne d'Hortus, celles du Pic Saint-Loup et celles de la *rivière de Tourguilles*.

Le *torrent de Verdus* débouche dans l'Hérault (rive droite) à Saint-Guilhem-le-Désert.

Les *sources de Clamouse* tombent dans l'Hérault (rive droite) en amont de Saint-Jean-de-Fos.

La *Corbière* (6 kilomètres) a ses sources dans les communes de Puéchabon et d'Aniane et se mêle à l'Hérault (rive gauche) à l'ouest de cette dernière localité.

Le *Gassac* (9 kilomètres ; rive gauche) naît aussi dans la commune d'Aniane, au Mas-Daumas. Il apporte à l'Hérault les eaux d'un chaînon lacustre où les sources et les petits lacs sont très nombreux.

Le *Laveng*, alimenté par les eaux abondantes que vomit parfois l'*aven du Drac*, a son embouchure (rive droite) en face de Gignac.

Le *Lagamas* ou l'*Agamas* prend sa source dans la commune de Saint-Saturnin, traverse le territoire de Montpeyroux et celui de Lagamas, puis tombe dans l'Hérault (rive droite) au Mas-de-Simon. Parcours, 16 kilomètres.

La *Lergue* ou *Ergue* naît près des sources de l'Orb, au-dessus du hameau des Sièges, commune des Rives, sur le versant de l'Escandorgue, au pied du signal de Bouvida (884 mètres) et au sud du Larzac. Longeant les escarpements méridionaux du plateau, elle passe au-dessous des Rives et de

Saint-Félix-de-l'Héras, contourne la falaise du Pas-de-l'Escalette, et passe à Pégairolles (310 mètres) où une muraille de plus de 500 mètres de hauteur verticale domine son cours. L'Ergue reçoit ensuite plusieurs torrents alimentés par de magnifiques fontaines qui drainent les eaux des plateaux, laisse Soubès à gauche et Poujols à droite dans des vallons secondaires, traverse Lodève où elle fait mouvoir de nombreuses manufactures, et reçoit de nombreux torrents. La Lergue passe ensuite à Ceyras, laisse Clermont-l'Hérault assez loin sur la rive droite, passe devant Brignac et se jette dans l'Hérault après 38 kilomètres de cours. — Les affluents de la Lergue sont : le *Ragoust*, l'*Aubaygnes* ou *rivière du Puech* (12 kilomètres), qui prend sa source au Bosc, commune de la Valette ; le *Rhonel* (8 kilomètres), qui naît sur le territoire de Clermont-l'Hérault ; le *Roubieux;* le *Rivernoux* (8 kilomètres de cours), qui prend sa source à l'ancien prieuré de Grammont, dans la commune de Saint-Privat ; le *Salagou* (18 kilomètres de cours), qui a son origine au col de la Melquière, dans la commune de Brenas, et reçoit la *Marette;* enfin l'*Agarel*.

La *Dourbie* (18 kilomètres) naît près du signal de Saint-Jean-d'Aureillan, bien connu des botanistes, traverse le pittoresque cirque de Mourèze (*V.* p. 30), passe à Villeneuvette où elle fait mouvoir une grande manufacture de draps, et tombe dans l'Hérault près de Tressan.

La *Rouvièges* (19 kilomètres) prend sa source au Mas-d'Ansabres, commune d'Aumelas.

Le *Dardaillon* est formé par diverses sources dans la commune d'Aumelas, au-dessus du Mas-de-Lunès.

La *Boyne* prend sa source au bois d'Allègre, passe à Valmascle, à Cabrières, à Fontès et, après avoir recueilli de nombreux torrents, se jette dans l'Hérault en aval de Cazouls. Cours, 22 kilomètres.

La *Peyne* a son origine près du signal des Bois de Levas (491 mètres), passe à Pézènes, Vailhan, près de la source minérale de Saint-Majau, à 1 kilomètre de Roujan, reçoit le *Ter-*

Pont-Vinas, à Lodève.

tuguier à Pézenas et tombe dans l'Hérault. Cours, 30 kilomètres 1/2.

La *Tongue* ou *Thongue*, formée par de magnifiques sources, au-dessus de Fos, arrose Fos, se grossit de nombreuses sources et de torrents, reçoit le *ruisseau de Roquessels* et à Gabian celui de la *Lène* (7 kilomètres ; elle prend sa source à Fouzilhon), passe près d'une source de pétrole (*V.* p. 57), à Pouzolles, près d'Abeilhan, reçoit la *Lenne* ou *Lène* (1300 mètres de cours) et le *torrent de Saint-Michel,* passe devant Montblanc et, après 29 kilomètres et demi de cours, se perd dans l'Hérault à Saint-Thibéry.]

Le *Libron* (41 kilomètres et demi), formé à Laurens par la réunion de plusieurs torrents, coule du nord au sud parallèlement aux affluents de l'Orb, dont il est séparé par le chaînon de l'Escandorgue. Il reçoit à Magalas le ruisseau de *Badeaussou*, passe à Lieuran-lès-Béziers, à Boujan et va se perdre dans les sables du littoral, à peu de distance du grau du Roi, à l'est de l'ancien grau du Libron, qui aujourd'hui forme un petit étang.

L'**Orb** (117 kil.) naît au pied du signal de Bouviala (884 mètres), dans les escarpements méridionaux du Larzac. Il limite les départements de l'Hérault et de l'Aveyron, et, se dirigeant à l'ouest, passe devant Romiguières, entre dans l'Hérault près du Mas-Neuf, passe à Ceilhes (439 mètres), au hameau de la Ciffrerie où il se grossit de belles sources et, longeant l'axe de la chaîne des deux mers, tourne au sud après avoir reçu l'apport de plusieurs torrents. Au delà du méandre qu'il décrit autour d'Avène, il se grossit de nombreux torrents, passe à Saint-Martin-d'Orb, forme plusieurs îles, laisse Boussagues à droite et traverse le faubourg de Bédarieux. Fléchissant à l'ouest, l'Orb arrose le Poujol, passe devant Colombières et Saint-Martin que dominent les grands escarpements du mont de Caroux (1093 mètres), baigne Vieussan, Roquebrun, Cessenon, Lignan, contourne Béziers, où il reçoit par le magnifique escalier de Fonserannes les eaux du canal du Midi qui lui emprunte un instant son lit jusqu'au pont Rouge. Au-delà, l'Orb passe à Sauvian, à Sérignan et tombe dans la Méditerranée par les deux branches du grau de Sérignan. Son débit à l'étiage est de 2 mètres cubes et demi par seconde; dans les grandes crues, il atteint 2500 mètres. Un peu à l'est, se trouve le grau oblitéré de la Grande-Maïre ; à 2500 mètres plus à l'est est l'ancien grau de Libron. Les affluents de l'Orb sont le Thès, le Gravezon, la Mare, le ruisseau d'Arle, le Jaur, le Vernazoubres, le Landayrou, le Rieutord, le Tauron et le Liron. — Le *Thès* (14 kilomètres) commence au Mas-de-Mourié (850 mètres), dans la commune de Roqueredonde et double l'Orb au Mas-Neuf (450 mètres d'altitude). — Le *Gravezon* ou *Gravaison* (6 kilomètres et demi) prend sa source dans la commune de Joncels, reçoit la *Nize* (4 kilomètres) à Lunas et se perd dans l'Orb à Saint-Martin-d'Orb. — La *Mare* se forme de plusieurs torrents, dont l'un naît dans la montagne de l'Espinouze, près du point culminant du département (1126 mètres), à l'opposite des sources de l'Agout, et reçoit les eaux du Plo des Brus (1100 mètres), ainsi que celles du versant oriental de la montagne de Caroux. Elle arrose Castanet-le-Haut, se double par le *Bouisson* qui descend du col de l'Affenadou, et par les ruisseaux de la montagne de Marcou, passe à Saint-Gervais-Ville, reçoit le *Clédou*, l'*Espaze*, longe le Pradal, baigne Villemagne et se jette, près d'Hérépian, dans l'Orb, après un cours de 25 kilomètres dans la pittoresque vallée de Villemagne, et après avoir traversé le bassin houiller de Graissessac. — Le *ruisseau d'Arle*, qui longe à sa base le versant oriental du Caroux, passe au hameau de la Fage et va se jeter dans l'Orb (rive droite) après avoir formé, près de Colombières, la cascade du Martinet. — Le *Jaur* naît au signal de Saint-Pons (1033 mètres), dans la partie des Cévennes désignée sous le nom de Saumail, traverse Saint-Pons-de-Thomières où il se grossit des eaux d'une source magnifique, et, reçoit le *Salesse* (8 kilomètres) et de nombreux ruisseaux. Puis il baigne Riols, reçoit à gauche le *ruisseau de Bureau*, qui naît sur le plateau de Saumail et forme les belles cascades du Saut de Vésoles (*V*. p. 32). Au delà, le Jaur passe à Prémian, à Saint-Étienne-d'Albagnan, à Olargues, se grossit des innombrables torrents du massif de l'Espinouze sur la rive gauche, des contreforts des Cévennes sur la rive droite, passe devant Saint-Julien, Mons, et, après avoir décrit quelques courts méandres, se jette dans l'Orb. Cours, 25 kilomètres. — Le *Vernazoubres* ou *Vernazobres* prend sa source dans la grotte de Cauduro, commune de Saint-Chinian, est doublé par la rivière d'*Houvre* qui a son origine en amont du moulin de Poussarrou, traverse Saint-Chinian, petite ville qu'il a dévastée le 12 septembre 1875, à la suite d'une pluie diluvienne (110 maisons furent détruites et 96 personnes noyées), reçoit les torrents des bois de *Cessenon* et de *Bousquet*, passe devant Pierrerue et se jette dans l'Orb par 60 mètres. Cours, 21 kilomètres. — Le *Landayrou*, *Landayron* ou *Landayran* (11 kilomètres) a son origine dans la commune de Saint-Nazaire-de-Ladarez et parcourt celle de Cessenon. — Le *Rieutord* (16 kilomètres) naît près de Saint-Nazaire-de-Ladarez. — Le *Tauron* (18 kilomètres) a son origine à Cabrerolles. — Le *Liron* ou *Lirou* (21 kilomètres) naît à Villespassans, baigne Cébazan, Puysserguier, Maureilhan, et se mêle à l'Orb au-dessus du pont de Béziers.

L'**Aude** n'appartient au département de l'Hérault que par quelques kilomètres de son cours, par son embouchure et par plusieurs affluents de gauche. La limite du département suit l'ancien lit abandonné par l'Aude en 1320 lors de la rupture de la digue romaine de Sallèles-d'Aude. L'Aude naît dans le canton de Montlouis (Pyrénées-Orientales), à l'est du massif lacustre du Carlitte, traverse le Capcir et le département de l'Aude où il baigne Quillan, Limoux, Carcassonne (il y rencontre le canal du Midi) et les admirables défilés de Carcanières, d'Husson, de Saint-Georges, de Pierre-Lis. Plus bas, il touche un instant l'Hérault au sud d'Oupia, sort du massif des Corbières et tourne à l'est pour passer à peu de distance de l'étang de Capestang dont ses crues rendent le dessèchement assez difficile. L'Aude limite pendant 3 kilomètres environ le département de l'Hérault, contourne la montagne de la Clape, que ses atterrissements ont rattachée à la terre ferme depuis l'époque historique, et va se jeter dans la Méditerranée par le grau de Vendres, qui ne communique plus que par une rigole ensablée avec l'étang de Vendres. L'Aude charrie annuellement 1,700,000 mètres cubes de limon, et la barrière du cordon littoral force ce limon à se déposer sur les fonds marécageux de l'intérieur; aussi l'étang de Capestang a-t-il été considérablement modifié (*V.* p. 27), de même que l'étang de Montady, desséché en 1267, de même aussi que l'étang de Vendres, qui n'est plus qu'un marécage (*V.* p. 27).

[L'Aude reçoit du département l'Ognon, la Cesse et le déversoir de Capestang. — L'*Ognon* se forme, à 600 mètres environ d'altitude, dans les ramifications des Cévennes, par la réunion de plusieurs petits torrents, passe à Félines-Hautpoul, près de la Livinière et de Siran, sort du département, baigne Pépieux, sert de limite au sud d'Olonzac, croise le canal du Midi et se jette dans l'Aude. Cours, 48 kilomètres. — La *Cesse* (29 kilomètres) naît entre les cols de Bezoin et de Serrières, à l'opposite de sous-affluents de la Garonne par le Tarn, passe à Ferrals, à Cassagnolles, traverse le bois de Montaud, divise deux petits causses, laisse sur la rive droite la grotte célèbre de la Coquille et traverse un des plus étonnants défilés qui soient en France (*V.* p. 29), reçoit le *Brian* à Minerve, village perché à la pointe du confluent, passe à la Caunette, près d'Aigues-Vives, enserre Agel dans un méandre, sort de l'Hérault, passe à Bize et va se jeter dans l'Aude en amont de Sallèles. En été la Cesse disparaît en aval de Minerve et ne reparaît qu'à Agel. — L'étang de Capestang, qui se déverse dans l'Aude, reçoit la *Roquefourcade*, torrent qui naît près d'Assignan et croise le canal du Midi.]

BASSIN DE LA GIRONDE. — La Gironde est un vaste estuaire, compris dans les départements de la Gironde et de la Charente-Inférieure. Elle est formée, à 25 kilomètres en aval de Bordeaux, au Bec-d'Ambès, par la réunion de la Dordogne et de la Garonne : c'est vers celle-ci, la plus importante des deux branches, que descendent indirectement les eaux du département qui appartiennent au bassin de la Gironde.

La Garonne ne touche point le département de l'Hérault ; elle en passe même fort loin. Née en Espagne, dans le Val d'Aran, cette belle rivière traverse quatre départements, la Haute-Garonne, Tarn-et-Garonne, Lot-et-Garonne et la Gironde ; elle y baigne Toulouse, Agen, Tonneins, Marmande, la Réole et Bordeaux. Elle reçoit la Neste, le Salat, l'Ariége, le Tarn et le Lot. La Garonne n'est réellement navigable qu'à partir de Toulouse, et encore par un canal latéral qui communique avec le canal du Midi. C'est le Tarn qui lui apporte les eaux du département de l'Hérault.

Le Tarn, l'une des grandes rivières de la France, n'entre pas non plus dans le département. Né dans le massif de la Lozère, à 1550 mètres, il arrose cinq départements : Lozère, Aveyron, Tarn, Haute-Garonne, Tarn-et-Garonne ; il baigne Millau, Albi, Gaillac, Montauban, Moissac, et s'unit à la Garonne (rive droite) par 55 mètres d'altitude. Il reçoit du département de l'Hérault une rivière importante, l'Agout.

L'Agout prend sa source dans le département de l'Hérault, au pied du plus haut sommet (1126 mètres) du massif de l'Espinouze, près de l'axe de la chaîne des deux mers, à l'opposite d'affluents de l'Orb. Coulant parallèlement et en sens inverse du Jaur, affluent de l'Orb, l'Agout passe à Fraïsse, à la Salvetat, reçoit la Vèbre et entre, au Moulin-du-Loup, dans le département du Tarn, où il serpente dans d'étroits défilés entre les monts de Lacaune et le plateau du Sidobre. Après avoir formé la boucle de Roquecourbe, il traverse Castres, se grossit du Thoré et plus loin du Sor, puis, après un cours de 180 kilomètres, tombe dans le Tarn, à Saint-Sulpice-la-Pointe, par 88 mètres d'altitude. Son débit à l'étiage est de 7 mètres cubes par seconde, c'est-à-dire environ le tiers du débit du Tarn. Le département de l'Hérault lui envoie la Vèbre et le Thoré.

La *Vèbre* a sa source au nord de Murat, par 903 mètres,

entre dans le département de l'Hérault près de la Salvetat et tombe dans l'Agout. Il reçoit le *Viaur*.

Le *Thoré*, plus important, naît près de l'axe de la chaîne des deux mers, et bientôt sort de l'Hérault pour entrer dans le Tarn et apporter à l'Agout les eaux de la montagne de More. Grossi de l'*Arn* près de Mazamet, il se jette, à 4 kilomètres en aval de Castres, dans l'Agout. Cours, 50 kilomètres.

Étangs. — Outre les vastes étangs littoraux dont nous avons parlé au chapitre II, nous signalerons ceux de Capestang, de Vendres et de Luno. L'*étang de Capestang*, au bord duquel des salines existaient encore du temps de saint Louis, d'après une charte citée par M. l'ingénieur Duponchel, est actuellement un réservoir d'eau douce séparé par 14 kilomètres de la mer ; il aurait complètement disparu grâce aux colmatages si, en 1875, dans une crue l'Aude ne l'avait envahi. L'étang de Capestang, long de 7 kilomètres, large de 1 à 7, occupe une surface de 1895 hectares, dont 1226 couverts d'eau ; il en avait été desséché 500 hectares quand éclata la Révolution de 1789, qui fit cesser les travaux. Il communique avec la Robine de Narbonne par un canal d'atterrissement. — L'*étang de Vendres*, long de 6 kilomètres, est de plus en plus envahi par les alluvions de l'Aude, avec l'embouchure de laquelle il communique par le grau de Vendres. « Depuis cent ans à peine, dit M. Lenthéric, l'étang de Vendres, qui était le golfe naturel où aboutissaient les eaux de l'Aude, s'est peu à peu comblé, et il est facile de juger de la marche rapide des atterrissements en comparant la carte de Nolin (1692) avec la carte actuelle de l'État-major. » — L'*étang de Luno*, tout petit, sans communication avec la mer, s'étend au sud-est d'Agde, au pied du Pic Saint-Loup, entre ce volcan refroidi et la Méditerranée.

Outre ces étangs, il existe aux environs d'Aniane, de la Boissière, de Brissac, Cournonterral, Montarnaud, Puéchabon, Saint-Guilhem et Vendémian, un certain nombre de petits lacs qui sont nommés dans le *Dictionnaire des communes*.

IV. — Climat.

Le canton de la Salvetat et une partie de celui d'Olargues, c'est-à-dire le bassin d'où descendent les premières eaux de l'Agout, est une région froide, neigeuse en hiver ; il en est ainsi des plus hautes chaînes du département, telles que celle de l'Espinouze, et des plateaux qui se rattachent, au nord, au Larzac. Mais le reste du pays jouit du climat méditerranéen, dont on ne connaît la douceur et la beauté que lorsqu'on a constaté combien de plantes inconnues, même au sud-ouest de la France, croissent dans le jardin public de Montpellier. La température moyenne annuelle, déduite de 10 ans d'observation, est de 13° 6 (soit 3 degrés de plus qu'à Paris) ; celle de l'hiver, de 5° 8, et celle de l'été de 22° ; le nombre des jours de pluie, de 67 ; la hauteur des pluies, de 740 millimètres à Montpellier, de 600 à Cette, de 1 mètre à 1^m,20 dans la montagne.

Mais l'inconvénient de ce beau climat est le mistral, qui souffle des jours entiers avec violence, sans réussir, en été, à chasser du littoral des étangs les miasmes paludéens et les fièvres intermittentes. « La mortalité est beaucoup plus considérable, dit M. Élisée Reclus, dans la zone basse du littoral que sur les coteaux voisins et les campagnes émergées. M. Régy a calculé que le déficit d'âge moyen, c'est-à-dire la perte de vie causée par l'insalubrité des étangs, s'élève à 10, à 15 et même à plus de 19 années dans certains villages du département de l'Hérault comparés au reste de la France. La moitié des habitants meurent avant l'âge de 10 ans à Vic, à Capestang, à Villeneuve-lès-Maguelone, plus de la moitié à Mireval et à Vias. Du reste, les étangs dont l'eau, profonde de plus d'un mètre, n'expose point à l'air les débris corrompus des bas-fonds et garde une température relativement peu élevée, n'ont pas la terrible insalubrité des bassins sans profondeur : ainsi les villes riveraines de l'étang de Thau, Balaruc, Bouzigues, Mèze, Marseillan, ont une mortalité à peine supérieure à celle de la moyenne de la France. »

V. — Curiosités naturelles.

L'Hérault doit à la diversité de ses altitudes, qui de 1122 mètres s'abaissent jusqu'à la Méditerranée, une grande variété d'aspects. Dans les Cévennes on admire les beaux spectacles des contrées montagneuses; dans la région des collines, un pays prospère, une nature luxuriante; sur le littoral, les sites étranges des bords des étangs.

Les curiosités naturelles proprement dites que renferme le département de l'Hérault sont de belles sources, des cirques de montagnes et des défilés, des cascades et des grottes. Parmi les sources nous citerons au premier rang celle du Lez, qui, semblable à la fontaine de Vaucluse, sort, comme elle, au-dessus du moulin de Lafoux, d'une vaste grotte, ouverte dans un grand rocher à pic (140 mètres de hauteur absolue). Une autre source remarquable est celle de Saint-Pons, véritable origine du Jaur, qui sort, comme la précédente, par une large ouverture taillée dans un énorme rocher perpendiculaire, d'une caverne dont la profondeur est inconnue. Un grand nombre d'autres fontaines abondantes sont indiquées dans le chapitre III, intitulé: *Cours d'eau*, ou dans le chapitre II, comme la source de l'Abysse, qui jaillit dans l'étang de Thau (*V.* page 10).

Mais le site le plus extraordinaire du département est celui de Minerve, village bâti sur un roc escarpé au pied duquel se réunissent les gorges de la Cesse et du Brian. Ces deux torrents, surtout le dernier, coulent à la base d'un double escarpement de rochers immenses qui ont en certains endroits plus de 100 mètres de hauteur. Le Brian coule un instant sous terre au pied de Minerve. En amont du village, la Cesse disparaît aussi sous un rocher et en sort pour rentrer bientôt après, par une ouverture haute de 40 mètres, dans une sombre caverne, haute de 15 mètres, où elle coule à grand bruit pendant les grosses eaux et qu'elle quitte sous les murs mêmes de Minerve.

Le *cirque de Mourèze,* long de 6 à 7 kilomètres, sur 4 à 5 de largeur, est formé par des monts calcaires. Au centre du cirque, des rochers s'élèvent brusquement comme de vastes pyramides entourées de nombreuses colonnes; d'autres ressemblent à des fortifications démantelées. Quelques obélisques surplombent sur leur base, comme d'énormes champignons.

A 1500 mètres en amont de Saint-Geniès-de-Varensal, au pied du signal de Marcou (1094 mètres), s'ouvre « un cirque calcaire appelé l'*Olque* et qui, par la configuration des rochers qui le forment, taillés à pic et couverts de bouquets de bois, ressemble à des orgues d'une grandeur imposante. Lorsque les eaux affluent, elles s'échappent de la crête et des fentes des rochers en formant des chutes magnifiques. »

Les fameuses *gorges de Saint-Guilhem-le-Désert,* creusées par l'Hérault, sont tellement étroites qu'à peine y a-t-il place pour la route entre le fleuve et les montagnes. Aux parois s'accrochent quelques bouquets de chênes-nains poussés entre les crevasses; des sources sortant des rochers descendent en cascades murmurantes. La plus considérable de ces sources s'appelle *Clamouse,* du mot latin *clamosa,* bruyante. Elle sort, en effet, avec force du sein des rochers, met en mouvement un moulin et tombe avec fracas dans l'Hérault. Tout près de la source et du moulin, une ouverture de rochers vomit un courant d'eau aux mêmes époques que l'abîme du Drac. L'*abîme du Drac,* éloigné de près de 4 kilomètres, et d'une profondeur considérable, vomit de temps en temps une véritable rivière indépendante des pluies du pays : on suppose qu'elle est formée, à une dizaine de lieues de là, par des eaux perdues dans les rochers des Cévennes. Le site dont Saint-Guilhem occupe le centre n'est pas moins remarquable que les gorges. De tous côtés se dressent des rochers qui forment comme les gradins d'un gigantesque amphithéâtre au fond duquel l'Hérault roule avec tumulte des eaux d'une pureté sans égale. Le Verdus, né de la réunion de cascatelles charmantes, descend les degrés du cirque par un ravin plein de rocs éboulés.

La *grotte* la plus célèbre est celle *des Doumiselles*, à 3 kilomètres nord-est de Saint-Bauzille-de-Putois, dans un bois de chênes verts, au sommet du Roc de Thaurac. Le fond de la grotte est à peu près au niveau du lit de l'Hérault (141 mètres d'altitude), tandis que l'orifice se trouve à 475 mètres. Cette grotte, décorée de stalactites, est tellement vaste qu'il

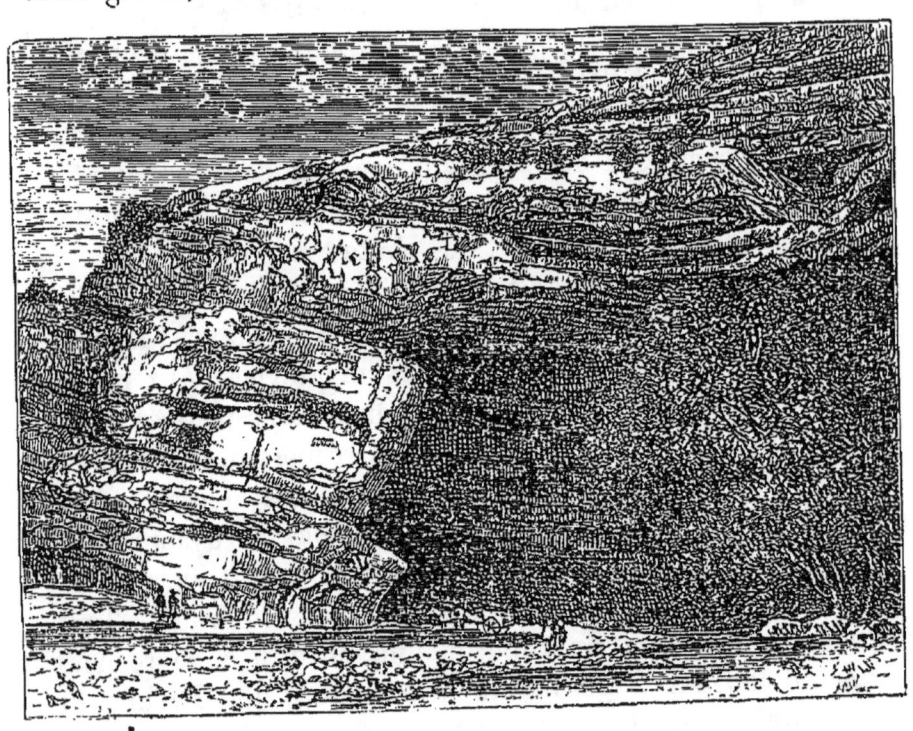

Minerve.

faut au moins 4 heures pour en visiter toutes les salles dont une est si élevée que l'on ne peut en apercevoir la voûte.

Parmi les autres *grottes* nous citerons : celles de Brunan et de la Baume, aux environs de Saint-Guilhem ; la grotte de la Madeleine, qui renferme une petite rivière souterraine d'une extrême limpidité, près de Villeneuve-lès-Maguelone; les grottes de Bize, qui ont été habitées aux temps préhistoriques ; les grottes de Saint-Étienne-de-Gourgas, de Saint-

Chinian, de Saint-Julien ; la belle grotte d'Aldéria, à 8 kilomètres de Minerve ; la grotte de Fauzan (commune de Cesseras), non loin de la grotte de la Coquille ; la grotte du Pontil, à 500 mètres de Saint-Pons, etc.

La *cascade* la plus remarquable du département de l'Hérault est le *Saut de Vésoles*, formé par le ruisseau de Bureau (*V.* p. 25), qui tombe des hauteurs du Saumail par six chutes successives jusque près du hameau de Langlade où les bois le dérobent à la vue. Cette cascade offre un spectacle ravissant à l'époque des grandes pluies d'automne ou bien en hiver lorsque les grands froids ont transformé ses eaux en d'immenses blocs de glace. — Les autres cascades sont celle de Canellou (commune d'Avène), où l'Orb s'engouffre dans un abîme et tombe d'une hauteur de plus de 10 mètres au milieu de rochers sauvages et fantastiques ; celle de Saint-Étienne-de-Gourgas et la cascade que forme le torrent d'Arle près de Colombières ; celle de Font-Salesse, sur le Mont-Caroux, d'où le Rioufort descend en belles chutes.

Enfin nous signalerons la perte de la Mosson, qui disparaît deux fois sous terre pour ressortir en aval, et les anciens volcans dont nous avons parlé au chapitre II.

VI. — Histoire.

Les vestiges les plus anciens de l'existence de l'homme dans le territoire de l'Hérault actuel se trouvent surtout dans la partie montagneuse du département, au nord et à l'ouest. Là s'ouvrent des cavernes où ont été recueillis les produits les plus rudimentaires de l'art et de l'industrie, contemporains sans doute de l'époque où les volcans d'Agde et de Saint-Thibéry étaient en pleine activité et où le renne comptait parmi les habitants des forêts du pays qui devait être la Gaule. Les plus remarquables de ces cavernes sont celles des environs de Minerve, de Montarnaud, de Vailhauquès, et celles du Roc de Thaurac, près de Saint-Bauzille-de-Putois, dans lequel s'ouvre la fameuse grotte des Doumiselles. Celle-ci, habitée par l'ours et le rhinocéros avant l'apparition de l'homme, n'a fourni aucune trace du passage de nos ancêtres.

Dans le plateau du Larzac et sur ses pentes, quelques menhirs et de beaux dolmens, surtout à l'est et au nord-est de Lodève, restent les témoins d'une civilisation un peu plus avancée. Les peuples qui ont élevé ces grossiers monuments ne se contentaient plus d'armes ou d'ustensiles en pierre, en bois et en os: ils savaient travailler quelque peu l'or et le bronze. Immédiatement après eux viennent des tribus et des nations nommées par l'histoire.

Le premier peuple historique dont on ait constaté les souvenirs est celui des Ibères, peuple aussi étrange par sa langue et ses mœurs que par le mystère dont son origine est toujours enveloppée. Les Basques, aujourd'hui cantonnés dans un petit territoire sur les deux versants des Pyrénées occidentales, et forts à peine de 600,000 âmes, sont généralement considérés comme les descendants de ces Ibères, qui, vers le dixième siècle avant l'ère chrétienne, étaient répandus dans tout le midi de la Gaule et dans toute l'Espagne. Leur idiome, si facile à reconnaître, s'est conservé dans le nom de *Beterræ* ou *Biterris*, qui est le Béziers de nos jours. Cette ville fut sans doute fondée par eux au moment où menacés d'une invasion ligure ils éprouvèrent le besoin de fortifier leurs positions stratégiques. Dès lors Béziers fut une des meilleures places de guerre du Midi.

Déjà attaqués par les Ombraniciens (*Umbranici*), qui parvinrent à s'établir dans le cours supérieur de l'Orb, les Ibères furent refoulés par les Ligures jusque dans le bassin de la Garonne. On ignore si c'est aux Ombraniciens ou aux Ligures qu'il faut attribuer les curieuses murailles de Murviel, à l'ouest de Montpellier, construites suivant un système de maçonnerie assez analogue à celui de certaines villes étrusques. Selon quelques géographes modernes, Murviel occupe l'emplacement de la ville de *Longostalo*, indiquée par les auteurs latins et dont il reste des monnaies à légendes grecques

Tandis que les Ibères, les Ombraniciens et les Ligures se

disputaient le continent, les Phéniciens fondaient des colonies et des comptoirs commerciaux sur la côte. C'est à eux que doivent naissance les ports de *Magalo* (Maguelone) et de *Blascôn* (Brescou).

Il est probable que le séjour des Ligures dans le continent fut d'assez courte durée : à leur tour, vers le septième ou le sixième siècle avant J.-C., ils furent refoulés par deux invasions successives des Volces Tectosages et Arécomiques, venus de la Gaule Belgique. La première invasion amena l'occupation, par les Tectosages, des pays compris entre la Garonne et l'Hérault ; la seconde répandit les Arécomiques entre l'Hérault et le Rhône. Béziers devint avec Carcassonne le grand boulevard de défense des Tectosages, qui paraissent avoir ajouté aux villes anciennes de leurs possessions orientales *Cessero* (Saint-Thibéry). Les Arécomiques fondèrent ou agrandirent *Luteva* (Lodève), *Latera* (Lattes) et, selon quelques érudits, *Sextantio*, qui plus probablement ne date que de la domination romaine. Quelque temps avant l'invasion gauloise, les Massaliètes avaient fondé leur première colonie, *Agathê Tychê* (la bonne fortune), plus tard *Agathê Polis* (la bonne ville), qui, éloignée de la mer aujourd'hui, a transformé son nom antique en celui d'Agde.

Annibal traversa, en l'an 218 avant J.-C., le territoire des Volces, qui, non contents de lui livrer passage, permirent à quelques-uns des leurs de le suivre en Italie.

Cent ans plus tard, en 121, les Volces Arécomiques, découragés par la défaite des Arvernes, dont ils étaient alors les clients, se soumirent aux Romains ; ce fut quelques mois plus tard le tour des Tectosages, et dès 118 fut constituée la Province romaine, ou *Gallia Braccata*, dont Narbonne, cité importante des Tectosages, devint la capitale.

Les Romains ne créèrent point dans le territoire de l'Hérault d'établissement considérable, à moins que *Sextantio* ou *Substantio*, près de Montpellier, ne doive leur être attribuée. Ils se contentèrent d'embellir les villes déjà existantes, de développer leur commerce ou leur industrie et de tracer des routes sur le bord desquelles se formèrent des relais ou stations telles qu'*Ambrussum* (le pont Ambroix, sur le Vidourle), *Forum Domitii* (Frontignan?), *Piscennæ* (Pézenas), *Capraricæ* (Cabrières) et *Altimurium* (Murviel), qu'ils rebâtirent. La plus considérable des voies romaines était la *via Moneta* ou *via Domitia*, qui tirait ce dernier nom de *Domitius Ahenobarbus*, le vainqueur des Arvernes. Il est probable qu'elle suivait l'ancienne voie gauloise par laquelle Annibal était venu d'Espagne.

Béziers reçut de Jules César, en 52, une colonie de la septième légion et garda quelque temps officiellement le nom de *Colonia Septimanorum*. Agde, colonie de Marseille, ne fut incorporée à la république romaine qu'après la soumission de sa métropole à César, en 49. Cette même année, une nouvelle colonie fut envoyée à Béziers. Un peu plus tard, Lodève agrandie s'appela un instant *Forum Neronis*, le Marché de Néron. Lorsque la Narbonaise ou Province romaine fut divisée, au quatrième siècle après J.-C., le territoire situé entre le Rhône et les Pyrénées fit partie de la Narbonaise première ou Septimanie. Le territoire de l'Hérault se partagea entre les cités de Nîmes, de Lodève et de Béziers ; ces trois villes avaient dès lors leurs évêchés ; on en donna plus tard à Agde et à Maguelone. Le territoire de Béziers formait deux *pagi* ou districts, dont l'un avait pour chef-lieu Cabrières.

Le christianisme ne fut prêché dans l'Hérault qu'à la fin du troisième siècle et pendant le quatrième. Saint Paul, premier évêque de Narbonne, saint Aphrodise, premier évêque de Béziers, les martyrs saint Florentin, saint Modeste et saint Thibéry, qui souffrirent à *Cessero*, et saint Baudile de Nîmes en furent les plus zélés propagateurs. A peine implanté dans ce pays, il y fut altéré par l'hérésie d'Arius, qui niait la divinité du Christ. Des évêques ariens se réunirent en concile à Béziers, en 356, et l'empereur Constance II, qui leur était favorable, força les évêques catholiques de la Gaule de se joindre à eux. Le grand saint Athanase, patriarche d'Alexandrie, vint porter à ses collègues de l'Occident le secours de sa puissante éloquence et de sa vertu incorruptible, mais il ne put triompher. L'arianisme régnait déjà dans la Narbonaise lorsque les Visigoths, ariens eux-mêmes, y établirent leur domination.

Les Vandales, les Suèves, les Alains ne firent que passer dans la Narbonaise, de 408 à 410 ; ils y saccagèrent les villes et y martyrisèrent, suivant la tradition, saint Venustus ou Venoux, premier évêque d'Agde.

Les Visigoths arrivèrent en 412 dans le Midi de la Gaule, avec l'intention de s'y fixer. Ne pouvant les en chasser, le faible empereur Honorius leur céda la Narbonaise et toute l'Aquitaine. L'administration des Visigoths fut douce, éclairée dans toutes les questions civiles et politiques, mais intolérante dans les questions religieuses. Le roi Euric surtout fut un persécuteur déclaré des évêques fidèles à la cause catholique. Aussi les prélats du Midi soupiraient-ils, dès la fin du cinquième siècle, après une conquête franque, depuis que Clovis avait embrassé dans toute sa pureté la religion chrétienne et s'en était constitué le champion. Aussi Alaric II, successeur d'Euric, se montra-t-il plus bienveillant ; il autorisa même en 506 la réunion, à Agde, d'un grand concile où se rendirent un grand nombre d'évêques.

En 507, Clovis marcha à la conquête des pays situés au sud de la Loire. La victoire de Vouillé lui livra toute l'Aquitaine ; mais Théodoric, roi des Ostrogoths et possesseur de la Provence, sut retenir la Narbonaise au pouvoir d'Amalaric, son parent, fils d'Alaric II. La Narbonaise prit dès lors les noms de Gothie, ou pays des Goths, et de Septimanie, ou pays des Sept-Diocèses (Narbonne, Elne, Béziers, Agde, Lodève, Maguelone et Nîmes, auxquels il faut joindre Carcassonne, dont l'évêché ne date que de la fin du cinquième siècle). Les fils et les petits-fils de Clovis ne renoncèrent pas à la Septimanie ; mais quant au territoire actuel de l'Hérault leurs expéditions furent infructueuses, hormis celle de Théodebert, qui réunit pour un demi-siècle (533-580) la cité de Lodève à la monarchie franque.

De nouveaux barbares arrivèrent en 719, et cette fois par le Midi. Après avoir détruit la puissance visigothique en Espagne, les Sarrazins vinrent dans la Septimanie en effacer les derniers restes. La clef du pays, Béziers, tomba, en 725, au pouvoir du chef musulman Ambessa, et dès lors rien ne résista plus à l'envahisseur. Charles Martel sentit la nécessité de chasser les Arabes de tous les points qu'ils pouvaient occuper en Gaule et de rétablir la domination des Visigoths entre le Rhône et les Pyrénées. Après sa victoire de Poitiers et ses succès au sud de l'Aquitaine, Charles vint en Septimanie à la tête de ses Francs, en 737, reprit Béziers, mais se crut obligé de démanteler les places d'Agde et de Béziers, et de détruire plusieurs villes du littoral, notamment la ville et le port de Maguelone, dont les ruines restèrent à peu près désertes durant trois siècles. Les évêques de cette ville durent s'établir à Substantion.

Cependant, les Arabes avaient conservé quelques postes importants et notamment la ville de Narbonne, d'où ils fatiguaient les habitants de la Septimanie par des incursions dévastatrices. De 751 à 759, Pépin le Bref vint mettre fin à cette anarchie et obtint des seigneurs visigoths, notamment d'Ansemond, qui possédait Béziers, Agde et le territoire de Maguelone, la suzeraineté de la Septimanie, sous la réserve que les anciennes constitutions y seraient maintenues.

Charlemagne incorpora la Septimanie au duché d'Aquitaine, que gouverna, de 790 à 806, saint Guillaume ou Guilhem. Ce seigneur vint terminer ses jours dans l'abbaye de Gellone, qu'il avait fondée, et qui devint célèbre après sa mort sous le nom de Saint-Guilhem-le-Désert. Peu d'années auparavant, saint Benoît, fils d'un comte de Maguelone, avait jeté, à Aniane, non loin de Saint-Guilhem, les bases d'une réforme monastique, bientôt répandue dans tout l'Occident. Les abbayes non moins importantes de Saint-Chinian, de Saint-Thibéry, de Villemagne et de Saint-Pons datent : la première de 826, la seconde et la troisième de la même époque environ, la quatrième de 935. Tous ces foyers d'étude et de vie intellectuelle contribuèrent puissamment aux progrès de la civilisation dans la Septimanie.

Détachée de l'Aquitaine en 817, la Septimanie eut pour souverain, de 820 à 844, l'infortuné Bernard, qui trahit plusieurs fois son bienfaiteur, Louis le Débonnaire, et fut condamné à mort. Guillaume, puis Bernard II lui succédèrent; ce dernier périt comme son grand-père, en 879, pour s'être révolté contre les rois de France, Louis III et Carloman. Il n'était plus souverain de toute la Septimanie, qui dès 865 avait été partagée en deux marquisats distincts, dont l'un, celui qui comprenait le territoire de l'Hérault, conserva seul le nom de Gothie. Bernard III, successeur de Bernard II, fut remplacé par son fils Guillaume, avec qui finit le marquisat de Gothie, en 918. Alors s'élève la puissante maison des comtes de Toulouse, dont les domaines s'étendaient entre la Garonne d'un côté, la Méditerranée et le Rhône de l'autre.

Les comtes de Toulouse, pas plus que les rois de France, ne surent maintenir l'unité politique dans leurs vastes possessions, où se formèrent des fiefs nombreux. Les plus considérables étaient : le comté de Melgueil ou de Mauguio, qui appartint longtemps aux évêques de Maguelone, et où se frappaient les monnaies dites melgoriennes, très répandues dans le midi de la France ; la vicomté d'Agde, transmise aux évêques de cette ville par Ansemond; la seigneurie de Montpellier, dont les huit premiers possesseurs, de 975 à 1204, portèrent tous le nom de Guilhem; la baronnie de Lunel, et surtout la vicomté de Béziers, qui, réunie au onzième siècle à celle de Carcassonne, devint redoutable aux comtes de Toulouse eux-mêmes, car elle comprenait les deux plus fortes places de l'ancienne Septimanie.

Le onzième et le douzième siècle furent une époque de tranquillité, à part quelques luttes intestines, entre les seigneurs de Montpellier et les évêques de Maguelone, et une révolte des habitants de Béziers contre leur vicomte. Au douzième siècle, l'agriculture fit de grands progrès sous l'impulsion des moines cisterciens ou bernardins et de ceux de Prémontré, qui fondèrent les abbayes de Valmagne, de Foncaude près de Saint-Pons, et de nombreux prieurés auxquels il faut ajouter le monastère de Saint-Michel, de l'ordre de Grandmont, à l'est de Lodève. Ce fut au douzième siècle que prit naissance la faculté de médecine de Montpellier, sous l'impulsion des Juifs, nombreux alors dans cette ville ainsi que dans celles de Narbonne et de Béziers. La guerre des Albigeois mit un terme à cette prospérité.

Maguelone.

L'hérésie des Manichéens ou Albigeois s'était assez peu répandue dans la Septimanie ; mais les grands seigneurs du Midi, voyant par elle un moyen de mettre la main sur les biens ecclésiastiques, étaient assez disposés à la favoriser. Le principal d'entre eux, le comte de Toulouse Raymond VI, ayant attiré sur lui les foudres de l'Église et les armes des Français du Nord, ses vassaux le soutinrent de leur courage et de leur fidélité ; parmi eux venaient au premier rang le roi d'Aragon, Pierre II, que son mariage avec l'héritière de Guilhem VIII avait fait en 1204 seigneur de Montpellier, et le vicomte de Béziers et de Carcassonne, le brave Raymond-Roger. Comme celui-ci était le maître des deux plus redoutables forteresses du comté de Toulouse, c'est sur lui que se portèrent en 1209 les premiers efforts de l'armée française.

De toutes les petites villes et des campagnes environnantes, catholiques et hérétiques s'étaient réfugiés en foule à Béziers. L'armée croisée était également redoutable aux uns et aux autres. « Les chefs de la croisade dépêchèrent l'évêque de la cité vers ses ouailles. L'évêque assembla les habitants dans l'église cathédrale de Saint-Nazaire, et, leur représentant le grand péril où ils étaient, il leur conseilla de rendre la ville au légat et de livrer entre ses mains les hérétiques, que lui, évêque, connaissait bien et avait couchés par écrit. » Ils refusèrent. « Vénérable père, dit un des consuls, nous sommes ici tous chrétiens et ne voyons parmi nous que des frères. » L'évêque reporta cette réponse au camp et les croisés délibérèrent sur le châtiment à infliger à la cité rebelle. « L'extermination fut résolue. Quelques chevaliers cependant demandèrent grâce pour les catholiques. Mais le légat Arnaud-Amaury, abbé de Cîteaux, trancha la question par ces paroles célèbres : « Tuez-les tous ! Dieu reconnaîtra les siens. »

Les croisés s'approchèrent de la ville, et les Biterrois sortirent à leur rencontre, avec plus de bravoure que de prudence. Ils furent repoussés, rejetés dans la ville, où leurs ennemis pénétrèrent pêle-mêle avec eux. « Ils se retirèrent, autant qu'ils le purent, dans l'église de la Madeleine. Les *capelans* (chanoines) de cette église firent tinter les cloches jusqu'à ce que tout le monde fût mort. Il n'y eut glas, ni cloches, ni capelans revêtus de leurs habits sacerdotaux, qui pussent empêcher que tout fût passé au tranchant de l'épée, et il ne s'en sauva point un seul ; ce fut la plus grande pitié que jamais on eût vue ni ouïe. La ville pillée, ils y mirent le feu, et tout fut dévasté et brûlé, en sorte qu'il n'y demeura chose vivante. » (Henri Martin.) Ce fut en 1209, le 22 juillet,

Béziers

que se passa cette épouvantable tragédie. Raymond-Roger, investi bientôt après dans Carcassonne, y soutint un siège à la suite duquel il fut pris et jeté dans une prison, où il mourut.

Simon assiégea ensuite le château de Minerve, bâti sur un rocher inaccessible auquel la Cesse et le Brian servaient de fossés. Le château avait une nombreuse garnison et servait d'asile aux *parfaits*, c'est-à-dire à ceux qui étaient entièrement initiés aux mystères du culte albigeois. Après un blocus de sept semaines, les défenseurs de Minerve demandèrent à capituler, mais les assiégeants ne firent grâce de la vie qu'à ceux qui consentirent à abjurer (1210).

Simon de Montfort ne recueillit pas le fruit de son ambition. Tué devant Toulouse, en 1218, il laissa un fils impuissant à continuer la lutte, et celui-ci transmit ses prétendus droits au roi de France, qui les accepta. L'héritière du dernier comte de Toulouse, Raymond VII, fut mariée au frère puîné de saint Louis, Alphonse, dit de Poitiers, qui mourut sans postérité en 1271.

Philippe le Hardi réunit aussitôt à la couronne tout le pays qui, dès lors, devait porter le nom d'Occitanie ou Languedoc. Déjà saint Louis, du vivant d'Alphonse, s'était adjugé directement les villes et fiefs de Béziers, d'Agde et de Melgueil; par scrupule de conscience, il avait désintéressé pour la vicomté de Béziers l'héritier légitime, Raymond-Roger Trencavel, en lui offrant une forte somme d'argent. Par voie d'échange, Philippe le Bel acquit plus tard, en 1295, la baronnie de Lunel. Une sénéchaussée fut établie à Béziers, qui peu à peu se releva de ses ruines et se repeupla, mais assez lentement. En 1290, le pape Nicolas IV institua l'université de Montpellier, supprimée à la Révolution.

Montpellier cependant continuait à relever de l'Aragon, d'abord comme possession directe des rois, ensuite comme faisant partie des domaines d'une branche cadette dont les chefs prirent le titre de rois de Majorque; leur royaume comprenait, en effet, outre Montpellier et Perpignan, les îles

Baléares, situées à l'est de l'Espagne. Jayme ou Jacques III, le dernier de ces princes, ayant perdu Perpignan et les Baléares dans une guerre avec Pierre IV d'Aragon, sacrifia pour les recouvrer, en 1349, Montpellier, qu'il vendit cent vingt mille écus d'or à Philippe de Valois.

Un nouvel évêché, celui de Saint-Pons-de-Thomières, fut fondé en 1317 par le pape Jean XXII.

La domination française apporta dans le Languedoc la paix et l'ordre soit administratif, soit judiciaire. Cependant, sous Charles V, le duc d'Anjou pressura pendant quinze ans les populations du Languedoc, qui n'obtinrent son rappel qu'en 1380. Sous Charles VI, le duc Jean de Berry, profitant d'abord de la minorité et plus tard de la faiblesse du roi, s'y rendit coupable d'exactions tout aussi criantes, qui lui firent enlever pour quelque temps le gouvernement de cette province.

Une sénéchaussée nouvelle, celle de Montpellier, fut créée par Henri II; déjà sous François Ier, en 1536, cette ville, dont l'importance croissait rapidement, était devenue la capitale de l'ancien diocèse de Maguelone. La ville de Maguelone, envahie sans cesse par la mer, était devenue peu habitable, et ses prélats, qui l'avaient péniblement rebâtie au onzième siècle, durent se résigner à l'abandonner pour toujours.

Les guerres de religion furent terribles dans tout le Languedoc, gouverné de 1563 à 1614 par Henri de Montmorency, comte de Damville. Les protestants commencèrent par s'emparer des villes de Béziers (1561), de Saint-Pons (1562), d'Agde (même année), de Montpellier (1567) et de Lodève (1573), où ils se livrèrent à toutes sortes d'excès, maltraitant les populations, pillant ou livrant aux flammes les maisons et les monuments publics. Plusieurs monastères, tels que Foncaude, Saint-Chinian et Aniane, furent détruits et leurs religieux massacrés ou mis en fuite. Les vengeances des catholiques ne furent pas moins cruelles. Si elles se portèrent moins sur les édifices, elles s'appesantirent davantage sur les personnes. Damville, resté catholique par ambition, quoique un instant favorable aux Calvinistes, multiplia partout les supplices, et les villes et les campagnes furent les témoins de ses atrocités, dont la Saint-Barthélemy ne fut guère qu'un épisode.

Agde, Béziers, Lodève et Saint-Pons retombèrent entre les mains des catholiques, mais Damville ne put s'emparer de Montpellier, qu'il assiégea étroitement, de 1577 à 1579, et que délivra la paix de Nérac. Par ce traité, Gignac et Lunel furent laissés aux protestants comme places de sûreté, et Montpellier obtint la liberté de s'administrer en vraie république et de se créer une université protestante. De cette période aussi date le Jardin des Plantes, le plus ancien de la France, fondé par Henri IV en 1593, un demi-siècle avant celui de Paris. L'édit de Nantes acheva, en 1598, la pacification religieuse de la France.

Malgré la modération de Richelieu, les protestants, alarmés des tentatives de Louis XIII et de son ministre pour rétablir la prépondérance du culte catholique dans le Midi, et conduits par des ambitieux qui ne songeaient à autre chose qu'à se créer pour eux-mêmes des souverainetés indépendantes, levèrent, en 1615, l'étendard de la révolte. « Les premiers actes furent terribles. Les prêtres et les jésuites furent jetés dans les fers, les couvents forcés et les moines exposés tout nus aux outrages de la soldatesque calviniste, les églises changées en écuries, les vases sacrés profanés et fondus. Ducros, président de la Chambre mi-partie de Grenoble, arriva à Montpellier pour essayer de calmer les esprits, mais les Calvinistes, conduits par le ministre Siffrein, l'égorgèrent dans sa maison. » (J. Brieu, *Histoire du département de l'Hérault*.)

Louis XIII vint en personne mettre le siège devant Montpellier, au commencement de 1622. Les travaux furent poussés avec vigueur, et l'on se signala des deux côtés par des prodiges de bravoure. La capitulation ne fut signée que le 20 octobre ; elle accordait aux protestants la pleine confirmation de l'édit de Nantes quant à la liberté religieuse, mais supprimait la république de Montpellier et autorisait le roi à construire à côté de la ville une citadelle, dont la première pierre fut posée le 10 juillet 1624.

Montpellier.

Un nouveau soulèvement du Languedoc fut provoqué, en 1627, par l'ambitieux Henri de Rohan; mais il fut battu, le 19 janvier 1628, sous les murs de Montpellier, qui furent aussitôt démantelés. Lodève et Saint-Pons, qui avaient également pris les armes à la voix de Rohan, perdirent à leur tour leurs fortifications, de même qu'un grand nombre de bourgs et de villages, qui s'étaient ceints de remparts, les uns à la suite de la guerre des Albigeois, les autres pendant les guerres religieuses du seizième siècle.

Quelques luttes meurtrières eurent encore lieu par suite de l'intolérance du gouvernement de Louis XIV. Le temple calviniste de Montpellier ayant été démoli en 1682, par ordre du Parlement de Toulouse, une émeute éclata qui fut bientôt étouffée dans le sang. Lors de la guerre des Camisards, un complot s'ourdit pour livrer Montpellier aux révoltés des Cévennes, mais le duc de Berwick le découvrit et en fit périr par le feu les principaux auteurs. En 1709, les Anglais, voulant porter secours aux Calvinistes, s'emparèrent d'Agde et du port de Cette, alors en formation; mais la défaite des Camisards rendit vaine leur entreprise, et, attaqués à la fois par les troupes de Bâville, du duc de Noailles et de Roquelaure, ils durent se rembarquer.

A part ces troubles et quelques persécutions religieuses dont furent victimes les protestants, la seconde moitié du dix-septième siècle et le dix-huitième siècle furent une époque de grande prospérité pour le Bas-Languedoc. Le canal du Midi fut creusé, de 1666 à 1681, par un enfant de Béziers, l'immortel Riquet. Montpellier, devenu le chef-lieu d'une généralité et où se réunissaient les États du Languedoc, fut doté d'un aqueduc et orné de beaux édifices, dont les plus remarquables sont ceux qui forment la place du Peyrou.

La Révolution de 1789 n'occasionna aucun trouble sérieux dans le département de l'Hérault, mais elle entraîna la suppression des évêchés de Saint-Pons, de Lodève, d'Agde et de Béziers; il n'y resta plus que le diocèse de Montpellier, seul rétabli par le Concordat de 1801.

VII. — Personnages célèbres.

Cinquième siècle. — Saint Maixent (447-515), né à Agde; fondateur du célèbre monastère (Deux-Sèvres) qui prit plus tard le nom de Saint-Maixent.

Neuvième siècle. — Saint Benoit d'Aniane, réformateur de la discipline monastique, fils d'un comte de Maguelone (750-821).

Treizième siècle. — Jacques Ier, roi d'Aragon (1213-1276), né à Montpellier. — Guillaume Durand (1230-1296), né à Puimisson; évêque de Mende, théologien et écrivain mystique. — Jacques Ier, roi de Majorque (1248-1311), né à Montpellier.

Quatorzième siècle. — Saint Roch (1295-1327), né à Montpellier.

Dix-septième siècle. — Pierre-Paul Riquet, baron de Bonrepaux (1604-1680), né à Béziers; illustre ingénieur, le créateur du canal du Midi. — Jacques Esprit (1611-1678), né à Béziers; membre de l'Académie française. — Paul Pellisson-Fontanier (1624-1693), né à Béziers; littérateur, membre de l'Académie française.

Dix-huitième siècle. — André-Hercule de Fleury (1653-1743), né à Lodève, cardinal, homme d'État. Nommé sous la régence précepteur de Louis XV, il devint ministre en 1726, et jusqu'à sa mort gouverna absolument le roi et le royaume. — Jacques Vanière (1664-1739), jésuite, poëte latin, né à Caux. — Jean-Jacques Dortous de Mairan (1678-1771), né à Béziers; physicien, géomètre et littérateur, membre de l'Académie des Sciences et de l'Académie française. — Louis-Bertrand Castel (1688-1757), né à Montpellier; jésuite, mathématicien et physicien. — Guillaume de Plantavit de la Pause, abbé de Margon, littérateur, né dans le diocèse de Béziers, mort en 1760. — Pons-Augustin Alletz (1703-1785), né à Montpellier, écrivain (*Dictionnaires théologique et des Conciles, Histoire des papes*, etc.). — Joseph-Marie, comte Vien (1716-1809), né à Montpellier, peintre chef d'école, membre de l'Institut, directeur de l'Académie à Rome. — Joseph Cambon (1754-1820), né à Montpellier, présida plusieurs fois la Convention, fit partie du Comité de salut public et de celui des finances ; c'est à lui qu'est due la création du grand livre de la Dette publique. — Louis Domairon (1745-1807), né à Béziers ; pédagogue.

Dix-neuvième siècle. — Jean-Jacques-Régis de Cambacérès (1753-1824), né à Montpellier ; homme d'État, archichancelier de l'Empire, président perpétuel du Sénat, prince puis duc de Parme, membre de l'Institut. — Son frère Étienne-Hubert (1756-1818), archevêque de Rouen, cardinal, sénateur, pair de France pendant les Cent-Jours, et son oncle, l'abbé de Cambacérès (1721-1802), prédicateur, sont nés également à Montpellier. — Pierre-Antoine-Noel-Bruno, comte Daru (1767-1829), né à Montpellier ; homme d'État, poëte et historien. — Le baron Pierre Berthezène (1775-1847), né à Vendargues, général, gouverneur d'Alger, pair de France. — Jean-Pons-Guillaume Viennet (1777-1868), né à Béziers ; poëte, journaliste, homme politique, membre de l'Académie française. — Marie-Jean-Pierre Flourens (1794-1867), né à Maureilhan ; célèbre physiologiste, membre de l'Académie des Sciences et de l'Académie française, professeur au Jardin des Plantes et au Collège de France. — Auguste Comte (1798-1857), né à Montpellier, célèbre philosophe, géomètre, créateur de la doctrine du *Positivisme*. — Antoine-Jérôme Balard (1802-1876), né à Montpellier ; chimiste, célèbre par sa découverte du brome, corps simple métalloïde qu'on n'était pas encore parvenu à isoler. Titulaire de la chaire de chimie à la Faculté des sciences, à Paris, en remplacement de Thénard, membre de l'Académie des sciences, il succéda, en 1851, à M. Pelouze dans la chaire de chimie, au Collège de France. — Jules Renouvier (1804-1860), né à Montpellier ; archéologue, député en 1848. — Victor Costes (1807-1873), né à Castries ; naturaliste, membre de l'Institut, professeur au Collège de France. Pendant plusieurs années, il s'est surtout occupé de pisciculture.

— Guillaume-Louis Figuier, né à Montpellier en 1819 ; chimiste et vulgarisateur, s'est surtout attaché à présenter dans ses œuvres la science sous une forme attrayante.

VIII.— Population, langues, cultes, instruction publique.

La *population* du département de l'Hérault s'élève, d'après le recensement de 1876, à 445,053 habitants (224,056 du sexe masculin, 220,997 du sexe féminin). A ce point de vue, c'est le 27ᵉ département. Le chiffre des habitants divisé par celui des hectares donne environ 72 habitants par 100 hectares ou par kilomètre carré ; c'est ce qu'on nomme la *population spécifique*. Sous ce rapport, l'Hérault est le 27ᵉ département. La France entière ayant 69 à 70 habitants par kilomètre carré, il en résulte que l'Hérault renferme, à surface égale, 2 à 3 habitants de plus que l'ensemble de notre pays.

Depuis 1801, date du premier recensement officiel, la population de l'Hérault s'est accrue de 169,604 habitants.

La *langue* parlée par les habitants des campagnes est le patois *languedocien ;* on y trouve quelques mots d'origine celtique et arabe, ainsi que quelques traces d'espagnol.

La majorité des habitants de l'Hérault est catholique ; toutefois le nombre des protestants (13,000 environ) est supérieur à la moyenne des autres départements.

Le nombre des *naissances* a été, en 1879, de 10,083 (plus 513 mort-nés) ; celui des *décès*, de 10,276 ; celui des *mariages*, de 2,898.

La *vie moyenne* est de 45 ans 5 mois.

Montpellier possède des Facultés de médecine, des sciences, des lettres, de droit, une école supérieure de pharmacie. Le *lycée* de Montpellier a compté, en 1878, 812 élèves ; les *collèges communaux* d'Agde, de Bédarieux, de Béziers, de Cette, de Clermont-l'Hérault, de Lodève, de Lunel et de Pézenas, 1429 élèves ; 16 *institutions secondaires libres* (en 1877), 750 ; 955 *écoles primaires*, 56,746 ; 101 *salles d'asile*, 11,001 ; 241 *cours d'adultes* (en 1877), 6,054 auditeurs.

Les opérations du recrutement pour la classe de 1877 ont donné les résultats suivants :

```
Ne sachant ni lire ni écrire..........    339
Sachant lire seulement.............       50
Sachant lire, écrire et compter....     2,910
Bacheliers......................          45
Dont on n'a pu vérifier l'instruction...  102
```

Sur 90 accusés de crime, en 1877, on a compté :

```
Accusés ne sachant ni lire ni écrire...........   36
  —   sachant lire et écrire.................    51
  —   ayant reçu une instruction supérieure ..    3
```

IX. — Divisions administratives.

Le département de l'Hérault forme le diocèse de Montpellier (suffragant d'Avignon). Pour le culte protestant, il est compris dans la 11e circonscription synodale (consistoires à Montpellier, Bédarieux, Ganges et Marsillargues). Il est compris dans le 5e arrondissement maritime (Toulon) et divisé en deux quartiers (Cette et Adge) relevant du sous-arrondissement de Marseille. Il forme une subdivision du 16e corps d'armée (Montpellier). — Il ressortit à la cour d'appel de Montpellier, — à l'académie de Montpellier, — à la 25e légion de gendarmerie (Montpellier), — à la 8e inspection des ponts-et-chaussées, — à la 27e conservation des forêts (Nîmes), — à l'arrondissement minéralogique de Toulouse. — Il comprend 4 arrondissements, 36 cantons, 336 communes.

Chef-lieu du département: MONTPELLIER.

Chefs-lieux d'arrondissement: BÉZIERS, LODÈVE, MONTPELLIER, SAINT-PONS.

Arrondissement de Béziers (12 cant.; 99 com.; 165,522 h.; 179,012 hect.).

Canton d'Agde (4 com.; 16,872 h.; 16,281 hect.). — Agde — Bessan — Marseillan — Vias.

Canton de Bédarieux (8 com.; 15,411 h.; 24,388 hect.). — Bédarieux — Boussagues — Camplong — Carlencas-et-Levas — Faugères — Graissessac — Pézènes — Le Pradal.

DIVISIONS ADMINISTRATIVES. 51

Premier canton de Béziers (partie de la ville et 8 com.; 24,247 h.; 17.980 hect.). — Bassan — Béziers (1er canton) — Boujan — Cers — Corneilhan — Lieuran-lès-Béziers — Lignan — Portiragnes — Villeneuve-lès-Béziers.

Deuxième canton de Béziers (partie de la ville et 7 com.; 30.306 h.; 15,981 hect.). — Béziers (2e canton) — Cazouls-lès-Béziers — Colombiers — Lespignan — Maraussan — Sauvian — Sérignan — Vendres.

Canton de Capestang (9 com.; 12.259 h.; 17,312 hect.). — Capestang — Creissan — Maureilhan-et-Ramejan — Montady — Montels — Nissan — Poilhes — Puisserguier — Quarante.

Canton de Florensac (4 com.: 7,462 h.; 7,822 hect.). — Castelnau-de-Guers — Florensac — Pinet — Pomérols.

Canton de Montagnac (12 com.: 10,842 h.; 15.070 hect.) — Adissan — Aumes — Cabrières — Cazouls-d'Hérault — Fontès — Lésignan-la-Cèbe — Lieuran-Cabrières — Montagnac — Nizas — Péret — Saint-Pons-de-Mauchiens — Usclas-d'Hérault.

Canton de Murviel (11 com.; 9,652 h.; 18,059 hect.). — Autignac — Cabreroles — Causses-et-Veyran — Caussiniojouls — Laurens — Murviel — Pailhès — Puimisson — Saint-Geniès-le-Bas — Saint-Nazaire-de-Ladarez — Thézan.

Canton de Pézenas (5 com.; 13.695 h.; 9.121 hect.). — Caux — Nézignan-l'Évêque — Pézenas — Saint-Thibéry — Tourbes.

Canton de Roujan (11 com.: 8,056 h.; 12.567 hect.). — Fos — Fouzilhon — Gabian — Magalas — Margon — Montesquieu — Neffiès — Pouzolles — Roquessels — Roujan — Vailhan.

Canton de Saint-Gervais (11 com.: 8.554 h.; 19,123 hect.). — Les Aires — Castanet-le-Haut — Combes — Hérépian — La Malou — Le Poujol — Rosis — Saint-Geniès-de-Varensal — Saint-Gervais — Taussac-et-Douch — Villemagne.

Canton de Servian (8 com.: 8.786 h.; 13,627 hect.). — Abeilhan — Alignan-du-Vent — Coulobres — Espondeilhan — Montblanc — Puissalicon — Servian — Valros.

Arrondissement de Lodève (5 cant.: 73 com.; 56.528 h.; 125,767 hect.).

Canton du Caylar (8 com.; 3,009 h.; 22.637 hect.). — Le Caylar — Le Cros — Pégairolles-de-l'Escalette — Les Rives — Saint-Félix-de-l'Héras — Saint-Maurice — Saint-Michel — Sorbs.

Canton de Clermont-l'Hérault (15 com.; 14.001 h.; 14,840 hect.). — Aspiran — Brignac — Canet — Celles — Ceyras — Clermont-l'Hérault — Lacoste — Liausson — Mourèze — Nébian — Paulhan — Saint-Félix-de-Lodez — Salasc — Valmascle — Villeneuvette.

Canton de Gignac (21 com.: 16.015 h.: 26,629 hect.). — Arboras — Aumelas — Bélarga — Campagnan — Gignac — Jonquières — Lagamas — Montpeyroux — Plaissan — Popian — Le Pouget — Pouzols — Puilacher — Saint-André-de-Sangonis — Saint-Bauzille-de-la-Silve — Saint-Guiraud — Saint-Jean-de-Fos — Saint-Pargoire — Saint-Saturnin — Tressan — Vendémian.

Canton de Lodève (16 com.; 16,156 h.; 28,258 hect.). — Le Bosc — Fozières — Lauroux — Lodève — Olmet-et-Villecun — Parlatges — Les Plans — Poujols — Le Puech — Saint-Étienne-de-Gourgas — Saint-Jean-de-la-Blaquière — Saint-Privat — Soubès — Soumont — Usclas — La Vacquerie-et-Saint-Martin-de-Castries.

Canton de Lunas (13 com.; 7,347 h.; 26,606 hect.). — Avène — Bousquet-d'Orb — Brenas — Ceilhes-et-Rocozels — Dio-et-Valquières — Joncels — Lavalette — Lunas — Mérifons — Octon — Romiguières — Roqueredonde — Saint-Martin-de-Combes.

Arrondissement de Montpellier (14 cant.; 117 com.; 177,707 h.; 201,252 hect.).

Canton d'Aniane (7 com.; 6,768 h.; 21,518 hect.). — Aniane — Argelliers — La Boissière — Montarnaud — Puéchabon — Saint-Guilhem-le-Désert — Saint-Paul-et-Valmalle.

Canton de Castries (20 com.; 8,497 h.; 17,821 hect.). — Assas — Baillargues-et-Colombiers — Beaulieu — Buzignargues — Castries — Clapiers — Galargues — Guzargues — Jacou — Montaud — Restinclières — Saint-Brès — Saint-Drézery — Saint-Geniès — Saint-Hilaire — Saint-Jean-de-Cornies — Sussargues — Teyran — Valergues — Vendargues.

Canton de Cette (1 com.; 28,690 h.; 3,700 hect.). — Cette.

Canton de Claret (9 com.; 2,056 h.; 10,186 hect.). — Campagne — Claret — Ferrières — Fontanès — Garrigues — Lauret — Sauteyrargues — Vacquières — Valflaunès.

Canton de Frontignan (5 com.; 6,940 h.; 13,372 hect.). — Balaruc-les-Bains — Frontignan — Mireval — Vic — Villeneuve-lès-Maguelone.

Canton de Ganges (9 com.; 9,332 h.; 16,055 hect.). — Agonès — Brissac — Cazilhac-le-Bas — Ganges — Gorniès — Laroque — Montoulieu — Moulès-et-Baucels — Saint-Bauzille-de-Putois.

Canton de Lunel (12 com.; 15,701 h.; 13,282 hect.). — Boisseron — Lunel — Lunel-Vieil — Marsillargues — Saint-Christol — Saint-Just — Saint-Nazaire — Saint-Sériès — Saturargues — Saussines — Vérargues — Villetelle.

Canton des Matelles (14 com.; 3,698 h.; 18,802 hect.). — Cazevieille — Combaillaux — Les Matelles — Murles — Prades — Saint-Bauzille-de-Montmel — Saint-Clément — Sainte-Croix-de-Quintillargues — Saint-Gély-du-Fesc — Saint-Jean-de-Cucuilles — Saint-Mathieu-de-Tréviers — Saint-Vincent-de-Barbeyrargues — Le Triadou — Vailhauquès.

Canton de Mauguio (5 com.; 5,042 h.; 29,259 hect.). — Candillargues — Lansargues — Mauguio — Mudaison — Saint-Aunès.

Canton de Mèze (7 com.; 17,493 h.; 15,788 hect.). — Bouzigues — Gigean — Loupian — Mèze — Montbazin — Poussan — Villeveyrac.

Premier canton de Montpellier (14,918 h.; 5556 hect.). — Partie de la ville de Montpellier.

Deuxième canton de Montpellier (Montpellier-Est et 6 com.; 32,206 h.; 6306 hect.). — Castelnau-le-Lez — Le Crès — Lattes — Montferrier — Montpellier (2ᵉ canton) — Palavas — Pérols.

Troisième canton de Montpellier (Montpellier-Ouest et 11 com.: 22,510 hab.; 16,197 hect.). — Cournonsec — Cournonterral — Fabrègues — Grabels — Juvignac — Lavérune — Montpellier (3ᵉ canton) — Murviel — Pignan — Saint-Georges-d'Orques — Saint-Jean-de-Védas — Saussan.

Canton de Saint-Martin-de-Londres (10 com.; 4,056 h. : 23,398 hect.). — Causse-de-la-Selle — Mas-de-Londres — Notre-Dame-de-Londres — Pégairolles-de-Buèges — Rouet — Saint-André-de-Buèges — Saint-Jean-de-Buèges — Saint-Martin-de-Londres — Viols-en-Laval — Viols-le-Fort.

Arrondissement de Saint-Pons-de-Thomières (5 cant.; 47 com.; 45,296 h.; 120,330 hect.).

Canton d'Olargues (13 com.: 9,461 h.; 28,325 hect.). — Berlou — Cambon-et-Salvergues — Colombières — Ferrières — Mons — Olargues — Prémian — Roquebrun — Saint-Étienne-d'Albagnan — Saint-Julien — Saint-Martin-de-l'Arçon — Saint-Vincent — Vieussan.

Canton d'Olonzac (13 com.; 9,147 h. : 23,691 hect.). — Aigne — Azillanet — Beaufort — Cassagnoles — La Caunette — Cesseras — Félines-Hautpoul — Ferrals-les-Montagnes — La Livinière — Minerve — Olonzac — Oupia — Siran.

Canton de Saint-Chinian (11 com.; 10,583 h. : 21,850 hect.). — Agel — Aigues-Vives — Assignan — Cazedarnes — Cebazan — Cessenon — Cruzy — Montouliers — Pierrerue — Saint-Chinian — Villespassans.

Canton de Saint-Pons-de-Thomières (7 com.; 10,086 h.; 26,913 hect.). — Boisset — Pardailhan — Rieussec — Riols — Saint-Pons-de-Thomières — Verreries-de-Moussans — Vélieux.

Canton de la Salvetat (3 com.: 6,019 h.; 18,926 hect.). — Fraisse — La Salvetat — Le Soulié.

X. — Agriculture.

Sur les 619,799 hectares du département, on compte :

		PRODUCTION EN 1879.
Froment	59,550 hectares	626,000 hectolitres.
Méteil	670 —	3,120 —
Seigle	3,110 —	44,880 —
Orge	1,524 —	15,300 —
Sarrasin	70 —	936 —
Maïs et millet	509 —	7,500 —
Avoine	11,814 —	187,600 —
Pommes de terre	5,200 —	313,600 —
Légumes secs	550 —	8,250 —
Châtaignes	7,500 —	75,000 —
Chanvre	6 —	72 quintaux.
Olives	3,900 —	84,000 hectol. de fruits et 600,000 kil. d'huile.
Vignes	120,000 —	3,616,353 hectolitres.

Prairies artificielles	5,000 hectares	
Fourrages annuels.	5,300	—
Jachères mortes, etc. . . .	30,000	—
Bois et forêts.	85,967	—
Prairies naturelles et vergers.	9,400	—
Superficies bâties, voies de transport, etc	28,517	—

En 1878, on comptait dans le département 19,750 chevaux, 24,030 mulets, 3,000 ânes, 4,700 bœufs et taureaux, 5,000 vaches et génisses, 1800 veaux, 294,500 moutons (ayant donné 540,000 kilogrammes de laine), 15,000 porcs, 8,000 chèvres. Les innombrables moutons qui peuplent en été les vastes terrains de pâture compris, au nord, sur le plateau du Larzac et sur les causses des Cévennes fournissent à Lodève les laines dont elle a besoin pour ses manufactures. La sériciculture a donné, en 1881, environ 161,677 kilogrammes de cocons; l'apiculture, 10,000 kilogrammes de miel seulement; c'est un des pays où elle est le plus négligée, du moins avant l'invasion du phylloxera, à cause sans doute du tort que les abeilles peuvent causer aux vignes.

D'après le tableau que nous donnons ci-dessus de la répartition des cultures, on voit que, en 1879, la superficie la plus vaste était occupée par les vignobles. L'Hérault a récolté, en 1872, jusqu'à 15 millions d'hectolitres de vin, 13 millions et demi en 1873, 13 millions en 1874, 9 millions et demi en 1875. Cette diminution, qui s'accentue chaque année, est due aux ravages d'un terrible fléau, le phylloxera, dont jusqu'ici on n'a pu arrêter l'envahissement. En 1880, le département n'avait plus que 106,189 hectares de vignobles et ne récoltait plus que 5,066,899 hectolitres de vin, tandis qu'autrefois chaque hectare de la plaine rendait 150 à 200 hectolitres et au delà. Outre leur étendue et leur abondance, ces vignobles avaient l'avantage d'être en grande partie de qualité supérieure. Les muscats de Lunel-Vieil et de Frontignan étaient célèbres dans le monde entier ; les vins de Saint-Georges-d'Orques étaient recherchés à Paris ; ceux de Cazouls-lès-Béziers, de Maraussan et d'Espagnac ne leur sont guère inférieurs ; d'autres vins servaient aux coupages, et Cette a dû à l'industrie du mélange des vins une partie de son importance commerciale. Mais aujourd'hui cette ville s'est vu forcée de demander à d'autres départements ou à l'étranger les éléments de ses manipulations.

Ceux des habitants qu'un tel désastre n'a pas réduits à la nécessité de s'expatrier ou d'émigrer en Algérie ont depuis cherché soit à reconstituer partiellement leurs vignobles avec des plants américains, soit à les remplacer par de nouvelles cultures, notamment par la *ramie*, végétal javanais qui donne une fibre plus belle que le coton, plus forte que le lin, brillante comme la soie. La construction d'un canal d'irrigation dérivé du Rhône contribuera à améliorer la situation agricole du pays.

Après la vigne, une des principales cultures est celle de l'*olivier*. Du reste, le département a des arbres fruitiers de toutes sortes, des mûriers, des citronniers, des grenadiers, etc.; ses pâturages sont excellents, et le territoire produit une quantité considérable de *légumes*. Dans plusieurs communes, telles que Saint-Seriès et Saturargues, on trouve des *truffes*.

Divers projets sont en cours d'exécution ou déjà exécutés pour augmenter la superficie du territoire agricole. On s'occupe de dessécher les étangs de Capestang, de Vendres, les marais de Nissan et de Lespignan, et d'assainir la plage, vaste zone marécageuse de 25,000 hectares, par le rétablissement des *graus* ou coupures qui déversent leurs eaux dans la mer.

Près de Montpellier, existe une école d'agriculture où l'on s'occupe surtout des vignobles et des vers à soie.

« Ce ne sont ni les forêts ni les bois, dit M. Thomas (*Dictionnaire topographique de l'Hérault*), qui verdissent le sol du département. Les taillis de chênes verts et de chênes blancs percent les calcaires et couvrent les hauteurs; les collines se parfument de lavande, d'aspic, de thym, de sauge, de serpolet, de romarin. Les plages cachent leur aridité sous le tamaris et le salicot, et les terres moins basses sous la gaude, la garance et le tournesol. » Les *bois*, dont 73,035 hectares appartiennent aux particuliers et 12,931 aux départements ou aux communes, ont donné, en 1876, 1,307 mètres cubes de bois d'œuvre, 41,950 de bois de feu et 28,839 quintaux d'écorce à tan.

XI. — Industrie: produits minéraux.

Il existe des mines de *cuivre* dans les communes des Aires, d'Avène, de Boussagues, Cabrières, Camplong, Colombières, Joncels, Lunas, Bousquet-d'Orb, Mons, Saint-Nazaire, Péret, du Poujol, de Roquebrun, Vailhan et Vieussan; mais celles de Siricis (communes de Joncels, Lunas, Avène et Camplong) et de Bousquet-d'Orb (communes de Camplong, Bousquet-d'Orb et Boussagues) sont seules exploitées.—Le minerai de *fer* s'extrait dans plusieurs concessions comprises sur le territoire de Balaruc, Cassagnoles, Frontignan, Gigean, Saint-Pons et Rieussec, le *manganèse*, à la Matte, commune de Félines-Hautpoul; une seconde mine a été récemment concédée sur le territoire des communes de Vieussan, Roquebrun, Mons, Saint-Nazaire-de-Ladarez et des Aires.—Le *plomb argentifère* associé au zinc se rencontre à Riols et à Prémian; le *plomb sulfuré*, à Saint-Gervais. Dans la concession de Villecelle, on trouve des métaux divers associés, tels que plomb, zinc, argent, etc.

Mais ces différentes exploitations n'ont pas une importance considérable. Les principales ressources minérales du département sont la **houille**, le sel et les eaux minérales. Le terrain houiller forme, au nord du département de l'Hérault, dans l'arrondissement de Béziers, une zone montagneuse dont la longueur est, de l'est à l'ouest, de 20 kilomètres, sur une largeur de 1 à 5 kilomètres. Les quatre concessions exploitées par la Compagnie des mines de Graissessac ont une superficie de 6,230 hectares. La concession de Bousquet comprend les mines de Campredon et de l'Orb; celle de Boussagues, les mines du Cap-Nègre, Saint-Joseph et Joséphine, les puits Durand et Sainte-Barbe; la concession du Devois, les mines Simon, Garella et du Grand-Champ; celle de Saint-Gervais, le puits des Nières. Dans celles de Saint-Gervais et du Devois s'exploitent six couches principales, d'une épaisseur totale de 14 mètres, contenues dans un massif de grès (également exploité) et de schistes de 70 à 90 mètres d'épaisseur. Dans les concessions de Boussagues et de Bousquet-d'Orb, il en existe un plus grand nombre, dont la puissance totale peut être évaluée à 20 mètres. La compagnie occupe 1,800 ouvriers tant aux mines que dans ses ateliers d'élaboration de la houille. Le bassin de Graissessac est le huitième de la France en étendue et en richesse. La houille s'extrait aussi à Azillanet, Beaufort, la Caunette, Cazelles et Aigues-Vives, Cesseras, la Matte, Oupia, Saint-Paul-de-Valmalle et Roujan; le *lignite*, à Calamiac, Saint-Gély-du-Fesq, Minerve, Montoulieu et Plo-des-Fougasses. En 1880, l'extraction de la houille et de l'anthracite a atteint 227,536 tonnes; celle du lignite, 425 tonnes.

Les **salines** s'étendent sur les bords de la mer et des étangs de Thau, de Pérols, à Frontignan, à Villeneuve, etc. Elles donnent en moyenne 700,000 quintaux métriques de sel chaque année.

Outre ses stations balnéaires sur la Méditerranée, Palavas, Sérignan, Cette, Agde, le département de l'Hérault a plusieurs établissements thermaux, alimentés par des **sources minérales** abondantes, que nous allons énumérer par ordre alphabétique. — *Avène* exploite dans un vaste établissement une source dont l'eau est efficace contre les maladies cutanées. — Les bains de *Balaruc*, très fréquentés des Romains, ont reconquis depuis la fin du seizième siècle leur antique réputation, et aujourd'hui des baigneurs y viennent de toutes les parties de la France. Les sources, au nombre de trois, ont une température de 47° à 50°, et fournissent un débit total d'environ 800,000 litres en 24 heures. L'eau, chlorurée sodique et magnésienne, contient en outre une certaine quantité de cuivre ; très limpide et légèrement onctueuse au toucher, elle a une saveur salée et piquante ; il s'en dégage une vapeur continuelle et une grande quantité de bulles de gaz acide carbonique et d'azote. Les eaux sont utilisées dans trois établissements ; de plus, un hospice reçoit les malades pauvres. — Au bord de l'étang de Pérols sourd le *Boulidou*, source minérale dont les eaux semblent bouillir à cause des gaz qui s'en dégagent. — Les eaux de *Foncaude*, thermales, carbonatées-calcaires, gazeuses, sont surtout efficaces dans les maladies de la peau, des organes digestifs, dans les névroses et les névralgies, dans les affections catarrhales, etc. ; mais elles ne sont plus exploitées. Le débit, en 24 heures, est de 1,296 hectolitres. — Aux environs de *Frontignan* jaillissent aussi des sources d'eau minérale. — *Gabian* a une source de pétrole et une source ferrugineuse froide. — Les bains de *Lamalou* sont alimentés par douze sources thermales ou froides (de 16° à 35°), bicarbonatées sodiques, ferrocrénatées cuivreuses, arsenicales et calcaires et très ferrugineuses. Deux sources sont utilisées pour les bains : la *Chaude* et la *Tempérée* ; quatre pour boisson : le *Petit-Vichy* (20°), la *Vernière* (16°), l'eau de *Capus* (22° et 33°), la buvette *Bourges* (26°). Les eaux de Lamalou, toniques, reconstituantes et remarquablement sédatives, sont efficaces contre les maladies dans lesquelles prédominent la faiblesse et l'appauvrissement du sang, et contre les affections rhumatismales. Outre le grand établissement, les sources alimentent ceux de Lamalou-le-Haut et de Villecelle. — Une source gazeuse, alcaline et ferrugineuse (520 litres par heure) a été découverte à *Palavas* en 1874. — Dans la commune de la Salvetat, dans un site magnifique des bords de l'Agout, se trouvent les eaux minérales de *Rieumajou*, qui présentent quelque analogie avec celles de Vichy, de Spa et de Seltz. — A 2 kilomètres au nord de Roujan, près du chemin de fer, coulent les eaux froides acidulées, ferrugineuses de *Saint-Majau*, employées en boisson dans les affections de l'appareil digestif. — Une fontaine appelée la Madeleine, jaillissant sur le territoire de *Villeneuve-lès-Maguelone*, donne une eau fortement acidulée et légèrement alcaline, analogue à l'eau de Seltz. — Citons aussi les fontaines minérales de Cepas, Lagamas, la Vernière, etc.

Faugères, Saint-Nazaire-de-Ladarez, Félines-Hautpoul et Cassagnoles ont des carrières de *marbre* (celles de Cassagnoles sont riches en albâtre) ; Saint-André-de-Buèges, Béziers, Claret, Nissan, Servian, Castries, Beaulieu, Sussargues, Vendargues, Saint-Geniès, des carrières de *pierres de taille*. Dans le flanc de la montagne de Cette s'ouvrent les grandes carrières de Souras. A Villeveyrac est une exploitation assez importante de terre *bauxite* ; à Fouzillon, une carrière de *plâtre* très riche ; à Bédarieux et Saint-Bauzille-de-Putois, des carrières de pierre à *ciment*.

La *fabrication de l'eau-de-vie* est la principale branche d'industrie de l'Hérault ; malgré les ravages du phylloxera, presque toutes les localités des arrondissements de Béziers et de Saint-Pons, et celles de la partie occidentale de l'arrondissement de Montpellier, possèdent de nombreuses et importantes **distilleries**.

Vient ensuite la fabrication des **draps** communs, dont Lodève et Clermont sont les principaux centres, et qui est en outre fort active à Saint-Pons, Riols, Saint-Chinian, Bédarieux et Villeneuvette. *Lodève*, un des centres industriels les plus importants du midi de la France, occupe près de 7,000 ouvriers, employés presque exclusivement à la fabrication des draps pour les troupes de terre et de mer ; on peut évaluer à 1,500 chevaux les forces (chutes d'eau et machines à vapeur) utilisées par cette industrie. La fabrication du drap de troupe est la principale industrie de *Clermont*. Cependant la production de certaines étoffes communes pour rouliers, dites *limousines*, celle d'une espèce de drap gris et des lisières se poursuivent avec avantage dans cinq ou six maisons et conservent à la fabrique de Clermont la réputation de bon marché qui lui est justement acquise. Cette fabrication spéciale, dont les produits se répandent dans toute la France, occupe environ 300 personnes. Mentionnons aussi une manufacture de tapis communs. Les moteurs hydrauliques sont les forces généralement employées. On peut évaluer à 6,000 ou 7,000 le nombre des broches fonctionnant dans les divers établissements de Clermont où se travaille la laine. Ces établissements sont situés aux environs de la ville, le long des cours d'eau de la Lergue et de la Dourbie. Toutes ces manufactures réunies peuvent produire, en temps ordinaire, 250,000 à 300,000 mètres d'étoffes, soit de 10,000 à 15,000 pièces. Le nombre des ouvriers employés aux diverses industries varie de 1,500 à 2,500. On évalue les capitaux engagés à 5 ou 6 millions.

Les *couvertures de laine* fabriquées aux environs de Montpellier sont fort appréciées, surtout en Amérique.

La *filature* et le *moulinage de la soie* (à Ganges, où se fabrique une grande quantité de bonneterie en soie et en coton, à Saint-Bauzille-de-Putois, Laroque, Saint-André-de-Sangonis, etc.) peuvent malgré la maladie des vers et grâce aux ressources qu'ils doivent à l'importation des cocons étrangers, fournir annuellement des produits d'une valeur de 6 millions environ. Les soixante établissements de filature et de tissage du département occupent environ 5500 ouvriers.

Parmi les *savonneries*, la plus considérable est celle de *Villodève* à Montpellier. L'usine de Villodève (bougies stéariques, cierges, chandelles, savons), l'une des plus importantes de la France, occupe 500 ouvriers et consomme annuellement 4 millions de kilogrammes de charbon. Ses appareils peuvent travailler 18,000 kilogrammes de suif et produire 16 000 paquets de bougies et 15,000 kilogrammes de savon par jour. A côté de la production annuelle en bougies, qui peut se chiffrer par 4 millions de paquets, et de celle du savon, représentée par environ 4 millions et demi de kilogrammes, la glycérine figure pour 500,000 kilogrammes environ. Villodève a aussi un atelier spécial pour la blanchisserie des cires et la ciergerie.

Toutes les villes et bourgades du pays ont le monopole du verdet ou acétate du cuivre, cette substance si utile pour la fabrication de certaines couleurs et d'autres *produits chimiques*, produits (acide sulfurique, aluns, cristaux et crèmes de tartre) dont il existe d'importantes fabriques à Aniane, à Ceyras, Gignac, Lodève, Montpellier Montpeyroux, aux Onglous, à Pézenas, Saint-Jean-de-Fos et Saint-Thibéry. —Il existe un assez grand nombre de *distilleries de plantes aromatiques* à Aniane, à Brissac, Cournonterral, aux Matelles, à Mirval, Montarnaud, Murviel, Pégairolles-de-Buèges, Prades, Puéchabon, Saint-Bauzille-de-Montmel, Saint-Jean-de-Cuculles, Saint-Martin-de-Londres, Saint-Mathieu-de-Tréviers.

Les *tanneries* de Saint-Pons et de Bédarieux sont assez considérables ; à Clermont, la tannerie occupe pour la préparation des peaux de moutons importés d'Afrique et d'Amérique, 150 à 200 ouvriers. Il existe aussi des tanneries à Aniane, Béziers, Ganges, Montpellier, Pézenas, Saint-Bauzille-de-Putois, etc.

L'industrie métallurgique n'est pas très développée, malgré le voisinage des houillères de Graissessac : la cause principale en est dans le peu d'abondance des gisements de fer, nombreux mais pauvres en minerai. Pourtant Béziers, Montpellier et Pézenas possèdent des *fonderies de cuivre*, de bronze ou de laiton ; Bédarieux, Béziers, Cette, Lodève, Montpellier, Pézenas, Saint-Pons, des *fonderies de fonte*; Béziers, Montpellier, Pézenas et Olonzac, des fabriques de chaudronnerie ; Pézenas, des *quincailleries*; Béziers, une tréfilerie; Balaruc, des hauts fourneaux; Graissessac, des clouteries. Boussagues a une usine à zinc importante; Montpellier une fabrique d'instruments de pesage et de grands ateliers de construction mécanique, etc. En 1880, le département a fabriqué 410 tonnes de fontes de moulage ou moulée en première fusion.

Une des branches principales de l'industrie de Cette est la fabrication des vins, dont le principal atelier est la ville de Mèze. Cette fabrique au grand jour, et dans des conditions que la loi ne peut atteindre, que les jurys d'exposition récompensent, tous les vins d'Espagne, de Madère, de Chypre, et même tous les vins connus d'Europe et d'Afrique, de l'absinthe, du vermouth, etc. Cette possède en outre (ainsi que Béziers, Bouzigues, Frontignan, Mèze, Saint-Georges-d'Orques, Saint-Guilhem, Lunel, etc.) des *tonnelleries* (1000 à 1200 ouvriers), qui fabriquent environ 200 000 futailles par an ; des fabriques de bouchons, des ateliers de construction de machines à vapeur, des corderies, des *saleries de sardines* (500 000 à 600 000 kilogrammes par an), enfin de nombreuses et importantes *sécheries de morues*. Dans ces établissements est préparée et séchée la morue qu'apportent à Cette, au retour de leur pêche à Terre-Neuve, les navires armés à Dieppe, Granville, Saint-Malo, Morlaix. La morue arrive fendue, vidée et salée ; mais il faut la nettoyer de nouveau, l'aplatir et la sécher à l'air, pour en faire ce qu'on appelle de la *merluche*. — Il se trouve aussi quelques bancs d'huîtres à Cette, qui se livre, ainsi que les villes des étangs et Agde, à des pêches très fructueuses.

Parmi les autres établissements industriels du département, nous signalerons, par ordre alphabétique : les fabriques de *boutons et tabletterie* en os d'Aniane ; les *brasseries* de Béziers, Cette, Lunel, Montpellier, Pézenas ; les fabriques de *chaises* de Cette et de Béziers, ville ou se trouve aussi une fabrique d'*ébénisterie* ; les fabriques de *chaussures* de Montpellier ; les *corderies* d'Agde ; les *huileries* d'Agde, Aniane, de Claret, Fontès, Gabian, Saint-Guilhem ; les *imprimeries* de Béziers, Lunel, Montpellier, Pézenas ; les chantiers de *construction de navires* d'Agde et de Cette ; les *papeteries* de Bédarieux, Béziers, Brissac, Latour et de Plaisance (près de Saint-Gervais) ; les *scieries* de Castelnau-le-Lez, Cette et Montpellier ; les *vermicelleries* de Cette, Montpellier et Saint-Brès ; les verreries du Bousquet et de Béziers, etc.

XII. — Commerce, chemins de fer, routes, canaux.

L'industrie commerciale du département de l'Hérault est considérable, et le port de Cette, dont le mouvement dépasse 1,200,000 tonnes, est le plus important des côtes françaises de la Méditerranée après Marseille. Le mouvement commercial d'Agde peut être évalué à 75,000 tonnes. L'Hérault *exporte* des vins et des eaux-de-vie, mais en bien moins grande quantité qu'autrefois : en 1872, l'expédition par mer, par les chemins de fer, par les canaux, etc., s'est élevée à 7 millions d'hectolitres de vin, d'une valeur approximative de 180 millions de francs, sans y comprendre les quantités livrées à la distillation et celles qui ont été consommées sur place. Les marchés de Pézenas et de Béziers règlent le prix des eaux-de-vie de trois-six dans toute l'Europe. Les principaux débouchés du département sont, entre la France et surtout Paris, l'Italie, l'Espagne, l'Algérie et l'Autriche. L'Hérault exporte aussi des liqueurs, des sels, du verdet ou acétate de cuivre (*V. Industrie*), de la houille et, par le port de Cette, les minerais des Cévennes, des plantes tinctoriales, des draps de Lodève et de Clermont, des couvertures de Montpellier, de l'huile d'olives, des savons, des bougies, des cuirs, des futailles, des morues séchées, etc.

Il *importe* des laines et des cotons, des chargements de blé, d'huiles, de merrain, de riz, de vermicelle, de denrées coloniales, de cuirs en poil, de liège, de sparterie, d'anchois, d'oranges, de bois du Nord ; du fer, du cuivre, des morues de Terre-Neuve, des sardines, des laines des départements voisins et du Maroc, des articles d'épicerie, de mode, de bijouterie, de librairie, d'ameublement, etc.

Le département de l'Hérault est traversé par 11 chemins de fer, ayant ensemble un développement de 450 kilomètres.

1° Le chemin de fer *de Tarascon à Cette* passe du département du Gard dans celui de l'Hérault en franchissant le Vidourle à 1500 mètres au delà de la station de Gallargues. Il dessert Lunel, Lunel-Viel, Valergues, Saint-Brès, Baillargues, Saint-Aunès, les Mazes-le-Crès, Montpellier, Villeneuve, Vic-Mireval, Frontignan et Cette. Parcours 55 kilomètres et demi.

2° Le chemin de fer *d'Arles à Lunel* quitte le Gard pour entrer dans l'Hérault en traversant le Vidourle, un peu en deçà de la gare de Marsillargues, la seule qu'il desserve dans le département. Parcours, 5 kilomètres et demi.

3° Le chemin de fer *de Lunel au Vigan* entre un instant (8 kilomètres) dans l'Hérault pour y desservir Ganges.

4° La ligne *de Bordeaux à Cette* pénètre dans le département entre la station de Coursan (Aude) et celle de Nissan (Hérault). Elle passe à Nissan, Béziers, Villeneuve-lès-Béziers, Vias, Agde, aux Onglous et Cette. Parcours, 60 kilomètres.

5° Le chemin de fer *de Montpellier à Rodez* dessert Saint-Jean-de-Védas, Fabrègues, Cournonterral, Montbazin-Gigean, Villeveyrac,

Saint-Pargoire, Campagnan, Paulhan, Nizas, Caux, Roujan-Neffiès, Gabian, Faugères, la Caumette, Bédarieux, la Tour, Bousquet-d'Orb, Lunas, Joncels, les Cabrils et Roqueredonde. Au delà, il entre dans le département de l'Aveyron. Parcours, 108 kilomètres.

6° L'embranchement *de Bédarieux à Estrechoux* (9 kilomètres) dessert Latour, Espaze et les houillères de Graissessac.

7° Le chemin de fer *de Paulhan à Lodève* (29 kilomètres) passe aux gares d'Aspiran, de Clermont-l'Hérault, Rabieux-Saint-Félix, Sallèles, Cartels et Lodève.

8° Le chemin de fer *de Paulhan à Béziers* (29 kilomètres) dessert Lésignan-la-Cèbe, Pézenas, Saint-Thibéry, Florensac, Bessan, Vias, où il se raccorde avec la ligne de Bordeaux à Cette.

9° Le chemin de fer *de Béziers à Faugères* (35 kilomètres) a pour stations Lieuran-Ribaute, Bassan, Espondeilhan, Magalas, Laurens et Faugères, où il rejoint la ligne de Montpellier à Rodez par Bédarieux.

10° Le chemin de fer *de Montpellier à Cessenon* (103 kilomètres) dessert Montbazin-Midi, Poussan, Balaruc, Bouzigues, Loupian, Mèze, Saint-Martin, Montagnac, Pézenas, Tourbes, Valros, Servian, Bassan, Boujan, Béziers, Lignan, Maraussan, Maureilhan, Cazouls-lès-Béziers, Réals et Cessenon. Il doit être prolongé jusqu'à Saint-Chinian.

11° L'embranchement *de Montpellier à Palavas* (12 kilomètres) dessert Lattes, Palavas (rive droite) et Palavas-les-Flots. De plus, un tramway relie Béziers aux bains de mer de Sérignan.

Des chemins de fer en construction ou en projet relieront Bédarieux à Saint-Pons et à Mazamet, Montpellier à Lodève par Gignac et à Ganges par les Matelles, Mèze à Agde, etc.

CANAUX. — Le **canal du Midi**, construit par Riquet (1666-1680), fait communiquer la Garonne avec la Méditerranée. Il a 241,664 mètres de longueur, dont 50,620 dans la Haute-Garonne, 128,013 dans l'Aude et 63,051 dans l'Hérault; dont encore 52,291 dans le versant de l'Océan ou de la Garonne, 5,190 dans le bief de partage de Naurouse et 184,183 dans le versant de l'Aude et de la Méditerranée. La pente sur le versant de l'Océan est de 63 mètres avec 26 écluses; elle est de 189 mètres, avec 73 écluses, sur le versant méditerranéen. Le point le plus élevé du canal est le bassin de Naurouse; son principal réservoir, le magnifique bassin de Saint-Ferréol.

Le canal touche une première fois le département de l'Hérault au sud d'Olonzac; mais il rentre bientôt dans celui de l'Aude et traverse la Cesse en laissant à droite la dérivation de l'Aude appelée Robine de

Narbonne. Il ne pénètre définitivement dans le premier département qu'au sud de Montouliers, passe à Capestang, contourne l'étang du même nom, traverse Poilhes, puis s'engage dans le souterrain du Malpas. Arrivé à Béziers, le canal se trouve à 25 mètres au-dessus de l'Orb. Pour amener le lit du canal au niveau de la rivière, Riquet a eu recours à huit sas accolés, dont le développement présente une masse de constructions de plus de 312 mètres de longueur sur une hauteur perpendiculaire de 25 mètres : c'est l'écluse de Fonserannes.

Au pied de Béziers, le canal franchit l'Orb sur un pont-aqueduc qui se distingue des autres constructions du même genre par ses parements découpés et presque à jour. Il est formé de 7 arches principales en anse de panier, de 17 mètres d'ouverture, et de 2 arches de secours en plein cintre. La cuvette du canal, large de 8 mètres, ne peut donner passage qu'à une barque.

Le canal traverse ensuite la plaine fertile de Villeneuve, laisse à droite Villeneuve-lès-Béziers, à gauche Portiragnes, et passe sur le magnifique pont-aqueduc construit sur le Libron : c'est un double pont composé de deux lits mobiles en bois, appuyés sur de fortes culées de pierres et séparés l'un de l'autre par un sas assez long pour contenir un bateau. Les deux tabliers des lits mobiles sont disposés de manière à pouvoir s'ouvrir par le milieu, tout en servant d'écluses pour retenir les eaux du Libron.

Quand il a passé sous le chemin de fer d'Agde à Lodève, le canal croise l'Hérault à Agde, et vient se terminer à l'étang de Thau, à 2 kilomètres au sud de Marseillan. Au delà de l'étang de Thau, la navigation se continue par le *canal de Cette* (1,598 mètres de longueur ; tirant d'eau, 15,65) jusqu'au port de cette ville. Le canal du Midi communique, en outre, avec le port d'Aigues-Mortes et le Rhône par le canal des Étangs et le canal de Beaucaire.

Le *canal des Étangs*, commencé en 1701, forme la continuation du canal du Midi, depuis l'étang de Thau jusqu'à l'étang de Mauguio, en traversant les étangs de Frontignan, d'Ingril, de Vic, des Moures, de Peyre-Blanque, de l'Arnel, du Prévost et de Pérols, où il croise le grau de Pérols. Il coupe le cordon littoral de l'étang de Mauguio, se continue par le *canal de la Radelle* (longueur, 8,900 mètres ; tirant d'eau, 2 mètres), qui le fait communiquer avec le port d'Aigues-Mortes, et sort du département de l'Hérault à la croisée du Vidourle, pour se joindre, à Aigues-Mortes, au canal de Beaucaire. Développement, 58,186 mètres ; tirant d'eau normal, 2 mètres.

Sur le canal de la Radelle s'embranche le *canal de Lunel* (parcours, 11,218 mètres ; tirant d'eau, $1^m,50$ à 2 mètres), qui aboutit à la ville du même nom.

Le *canal de la Peyrade* commence aux chantiers de construction de Cette et va rejoindre le canal des Étangs à la Peyrade, à 1,780 mètres de son embouchure dans l'étang de Thau. Longueur, 3,043 mètres ; tirant d'eau, 2 mètres.

Le *canal de Grave*, ou Lez canalisé, relie le port Juvénal (près de Montpellier) avec le canal des Étangs et la mer. Il a 9,500 mètres de longueur et 11 kilomètres en comprenant le canal du Grau du Lez ou du *Grau de Palavas*. Le Lez canalisé a une pente de 7^m,80, rachetée par 3 écluses ayant des largeurs variables de 10 à 11 mètres. Le tirant d'eau est de 2 mètres.

Les voies de communication comptent 8231 kilomètres, savoir :

11 chemins de fer.		450 kil.
7 routes nationales		358
19 routes départementales		494 1/2
Chemins vicinaux de grande communication.	975	
— de moyenne communication	1,079	6,776
— de petite communication.	4,722	
4 rivières navigables (le Vidourle, le Lez, l'Hérault et l'Orb)		20 1/2
Canaux		132

XIII. — Dictionnaire des communes.

Abeilhan, 859 h., c. de Servian.

Adissan, 710 h., c. de Montagnac.

Agde, 8,251 h., ch.-l. de c. de l'arr. de Béziers, sur le canal du Midi et sur l'Hérault (pont suspendu), au pied de la montagne volcanique isolée de Saint-Loup (*V.* p. 9; au sommet du pic, phare à feu tournant, portée 27 milles), à 5 kil. de la Méditerranée. ⟶ Église Saint-Étienne (mon. hist.), xiie s.; à l'extérieur, larges arcades évidées en mâchicoulis (les plus anciens que l'on connaisse) et surmontées d'un parapet crénelé ; intérieur voûté en berceau ogival. — Ilot basaltique de *Brescou* (feu fixe, portée 10 milles). — Deux phares à feu fixe, à l'embouchure de l'Hérault.

Agel, 319 h., c. de Saint-Chinian.

Agonès, 108 h., c. de Ganges.

Aigne, 403 h., c. d'Olonzac.

Aigues-Vives, 695 h., c. de Saint-Chinian.

Aires (Les), 524 h., c. de Saint-Gervais.

Alignan-du-Vent, 1,215 h., c. de Servian.

André-de-Buèges (Saint-), 130 h., c. de Saint-Martin-de-Londres. ⟶ Église du xiiie s. — Roc-Blanc (943 mèt.). — Sites pittoresques.

André-de-Sangonis (Saint-), 2,565 h., c. de Gignac.

Aniane, 3,492 h., ch.-l. de c., arrond. de Montpellier, sur la Corbières, à 1 kil. de l'Hérault (magnifique défilé). ⟶ Restes (maison de détention) d'une abbaye fondée en 780 par saint Benoît d'Aniane, et dont l'église est devenue celle de la ville. — Dans une maison, collection de chapiteaux et de colonnettes provenant de Saint-Guilhem-le-Désert. — Lac de Mas-Nau.

Arboras, 135 h., c. de Gignac. ⟶ Château moderne avec deux anciennes tourelles.

Argelliers, 595 h.; c. d'Aniane.
Aspiran, 1,642 h., c. de Clermont.
Assas, 294 h., c. de Castries. ⟶ Vieux château à tours rondes. — Petite église romane.
Assignan, 221 h., c. de Saint-Chinian. ⟶ Ruines d'un château.
Aumelas, 215 h., c. de Gignac. ⟶ Ruines d'un château fort du xi° s., et d'une église du xii°.
Aumes, 422 h., c. de Montagnac.
Aunès (Saint-), 365 h., c. de Mauguio. ⟶ Dans la façade de l'église, milliaire de Tibère.
Autignac, 1,005 h., c. de Murviel.
Avène, 1,084 h., c. de Lunas. ⟶ Établissement d'eaux minérales.
Azillanet, 690 h., c. d'Olonzac. ⟶ Grotte de la Coquille.
Baillargues-et-Colombiers, 798 h., c. de Castries.
Balaruc-les-Bains, 890 h., c. de Frontignan, station thermale (3 établissements), sur une péninsule qui s'avance dans l'étang de Thau. ⟶ Hospice civil. — Gouffre d'Enversau (V. p. 12).
Bassan, 611 h., 1ᵉʳ c. de Béziers.
Bauzille-de-la-Silve (Saint-), 614 h., c. de Gignac.
Bauzille-de-Montmel (Saint-), 401 h., c. des Matelles. ⟶ Restes du couvent de Mourgues.
Bauzille-de-Putois (Saint-), 1,959 h., c. de Ganges. ⟶ Grotte des Doumiselles (V. p. 51). — Défilés de l'Hérault et de l'Alzon.
Beaufort, 502 h., c. d'Olonzac.
Beaulieu, 585 h., c. de Castries. ⟶ Tombeaux gallo-romains taillés dans le roc. — Chapelle de Notre-Dame des Sept-Douleurs.
Bédarieux, 7,691 h., ch.-l. de c. de l'arr. de Béziers, au confluent de l'Orb (viaduc du chemin de fer) et du torrent de Courbezou. ⟶ Église du xvi° s. — Ancien pont. — Belles promenades.
Bélarga, 562 h., c. de Gignac.
Berlou, 362 h., c. d'Olargues.
Bessan, 2,557 h., c. d'Agde.
Béziers, 58,227 h., ch.-l. d'arrond., sur une colline, au-dessus de l'Orb et du canal du Midi, à 69 mèt. ⟶ *Église Saint-Nazaire*: tourelles fortifiées et créneaux; transsept et partie du vaisseau du xiii° s.; les deux premières travées O. et le chœur sont du xiv° s.; gros clocher (46 mèt.), tours de la façade (belle rose de 10 mèt. de diamètre) et pourtour extérieur du chœur et de la nef couronnés de créneaux et de mâchicoulis; sur le flanc S. de la nef, beau cloître du xiv° s., dont les pinacles sont mutilés; aux fenêtres, curieuses grilles du xiv° s. — *Église Saint-Aphrodise*, du x° s., en partie dénaturée au xiv° et au xv° s.; tombeau antique, en marbre gris, servant de cuve baptismale; crypte. — *Église de la Madeleine* (xi° s.); tableau de Coustou (*Mort de saint Joseph*). — *Église Saint-Jacques* (xi° s.). — *Église des Récollets*, portail ogival du xvi° s. — *Ancien évêché* occupé par la sous-préfecture et le palais de justice. — *Hôtel de ville* (1742-1764) renfermant la bibliothèque, le musée et un riche médaillier. — *Théâtre* orné de sculptures par Gouin et de médaillons en terre cuite par David d'Angers. — Sur la place de la Citadelle, *statue* en bronze *de Riquet*, par David d'Angers. — Colonne haute de 15 mèt., surmontée d'une statue de la Vierge (1859). — Dans la rue Française, antique *statue* mutilée, en marbre blanc, *de Pépezuc*. — Vieux *pont* (xiv° s.).
Boisseron, 522 h., c. de Lunel, sur la Bénovie, qui forme dans les hautes eaux de belles chutes sur un large escalier de rochers. ⟶ Château et beau parc. — Restes de remparts.
Boisset, 199 h., c. de Saint-Pons.
Boissière (La), 291 h., c. d'Aniane. ⟶ Lacs de la Rouvière et des Mourgues.
Bosc (Le), 779 h., c. de Lodève.
Boujan, 854 h., 1ᵉʳ c. de Béziers.
Bousquet-d'Orb, 1,842 h., c. de Lunas.
Boussagues, 1,181 h., c. de Bédarieux. ⟶ Ce village est une sorte de musée possédant des débris de tous les styles d'architecture depuis le xi° s.: restes de remparts; nombreuses maisons anciennes; deux vieux châteaux; deux églises, l'une du xiii° s., l'autre des xv° et xvi° s. — Sur le Condoure, rocher à pic, d'où, suivant la tradi-

tion, des huguenots furent précipités.
Bouzigues, 1,291 h., c. de Mèze.
Brenas, 143 h., c. de Lunas.
Brès (Saint-), 371 h., c. de Castries.
Brignac, 276 h., c. de Clermont.
Brissac, 830 h., c. de Ganges. ⟶ Abîme de Rabanel et lac de la Signole. — Château ruiné (belle vue).
Buzignargues, 192 h., c. de Castries. ⟶ Source de Fonthonne. — Ancien château.
Cabrerolles, 687 h., c. de Murviel.
Cabrières, 704 h., c. de Montagnac.
Cambon-et-Salvergues, 601 h., c. d'Olargues.
Campagnan, 349 h., c. de Gignac.
Campagne, 110 h., c. de Claret.
Camplong, 1,584 h., c. de Bédarieux.
Candillargues, 163 h., c. de Mauguio.
Canet, 1,044 h., c. de Clermont.
Capestang, 3,176 h., ch.-l. de c., arrond. de Béziers, sur le canal du Midi et l'étang de Capestang. ⟶ Église gothique. — Restes d'un pont romain. — Ruines de fortifications.
Carlencas-et-Levas, 144 h., c. de Bédarieux.
Cassagnolles, 430 h., c. d'Olonzac, au pied du rocher de Roquedant (796 mèt.). ⟶ Fontaine des Trois-Évêques, à la limite des départ. de l'Hérault, de l'Aude et du Tarn.
Castanet-le-Haut, 611 h., c. de Saint-Gervais, sur la Mare, au pied du Plo des Brus (*V.* p. 6). ⟶ Rochers de l'Orque.
Castelnau-de-Guers, 870 h., c. de Florensac.
Castelnau-le-Lez, 884 h., 2ᵉ c. de Montpellier. ⟶ Nombreuses traces de constructions romaines : aqueducs, murailles, etc., restes de l'antique *Sextantio* ou *Substantio*, où fut établi, de 737 à 1057, le siège épiscopal de Maguelone. — Tufs calcaires offrant de nombreuses plantes fossiles.
Castries, 1,212 h., ch.-l. de c., arr. de Montpellier. ⟶ Château gothique avec parc qui reçoit les eaux d'un aqueduc long de 6,822 mèt., ouvrage de Riquet.
Caunette (La), 537 h., c. d'Olonzac.
Causse-de-la-Selle, 517 h., c. de Saint-Martin-de-Londres

Causses-et-Veyran, 825 h., c. de Murviel.
Caussiniojouls, 287 h., c. de Murviel.
Caux, 1,904 h., c. de Pézenas. ⟶ Église : tour des xıᵉ et xvᵉ s.
Caylar (Le), 796 h., ch.-l. de c., arrond. de Lodève, au pied du Roc de Servières (833 mèt.), sur le plateau du Larzac. ⟶ Trois menhirs. — Voie romaine. — Débris de fortifications.
Cazedarnes, 451 h., c. de St-Chinian. ⟶ Restes d'un château. — A 2 kil., ruines de l'abbaye de Foncaude, dans un cirque où naît une fontaine.
Cazevieille, 66 h., c. des Matelles.
Cazilhac (Bas-), 690 h., c. de Ganges.
Cazouls-d'Hérault, 540 h., c. de Montagnac. ⟶ Accidents volcaniques.
Cazouls-lès-Béziers, 3,365 h., 2ᵉ c. de Béziers. ⟶ Ruines d'un château.
Cebazan, 488 h., c. de Saint-Chinian.
Ceilhes-et-Rocozels, 911 h., c. de Lunas. ⟶ Église du xııᵉ s., à Rocozels.
Celles, 88 h., c. de Clermont.
Cers, 325 h., 1ᵉʳ c. de Béziers.
Cessenon, 2,204 h., c. de Saint-Chinian. ⟶ Église à une nef avec chapelles latérales. — Tour carrée servant de clocher.
Cesseras, 632 h., c. d'Olonzac. ⟶ Restes d'un château. — Grottes de la Coquille ou de Minerve (stalactites), de Fauzan et d'Aldène.
Cette, 28,690 h., ch.-l. de c., arrond. de Montpellier, au pied du mont Saint-Clair, sur l'étroite langue de terre comprise entre la mer et l'étang de Thau. Cette, qui est après Marseille le port commercial français le plus important de la Méditerranée, occupe en France le 4ᵉ rang pour le tonnage des navires.
Ceyras, 706 h., c. de Clermont. ⟶ Chapelle romane de l'Hortus. — Ruines du prieuré de Saint-Pierre.
Chinian (Saint-), 3,545 h., ch.-l. de c., arr. de Saint-Pons, sur le Vernazobres. ⟶ Grottes et cascades.
Christol (St-), 692 h., c. de Lunel.
Clapiers, 245 h., c. de Castries.
Claret, 677 h., ch.-l. de c., arrond. de Montpellier.

Clément Saint-), 129 h., c. des Matelles. ⟶ Belle source alimentant l'aqueduc de Montpellier.
Clermont-l'Hérault, 5,964 h., ch.-l. de c., arr. de Lodève, sur le Rhonel. ⟶ Église Saint-Paul (xiii°-xiv° s.); magnifique rose à vitraux modernes. — Église du xv° s. — Château ruiné.
Colombières, 509 h., c. d'Olargues.
Colombiers, 840 h., 2° c. de Béziers. ⟶ Tunnel de Malpaz. — Écluse de Fonserannes.
Combaillaux, 192 h., c. des Matelles.
Combes, 334 h., c. de Saint-Gervais.
Corneilhan, 678 h., 1ᵉʳ c. de Béziers.
Coulobres, 155 h., c. de Servian.
Cournonsec, 552 h., 3° c. de Montpellier. ⟶ Restes de fortifications.
Cournonterral, 2,061 h., 3° c. de Montpellier. ⟶ Restes de fortifications. — Petits lacs de la Cassolle, de Pataris, de Ramassol et d'Estagniol.
Creissan, 507 h., c. de Capestang.
Crès (Le), 509 h., 2° c. de Montpellier. ⟶ A l'église, bornes milliaires.
Croix-de-Quintillargues (Sainte-), 129 h., c. des Matelles.
Cros (Le), 291 h., c. du Caylar. ⟶ Dolmens aux Calmels.
Cruzy, 1,590 h., c. de Saint-Chinian.
Dio-et-Valquières, 298 h., c. de Lunas. ⟶ Châteaux ruinés à Dio.
Drézery (Saint-), 502 h., c. de Castries.
Espondeilhan, 402 h., c. de Servian. ⟶ Église romane (ix° et x° s.) de N.-D. des Pins; fonts baptismaux en marbre blanc; siège presbytéral monolithe (xi° s.); ancien autel romain.
Étienne-d'Albagnan (Saint-), 855 h., c. d'Olargues. ⟶ Notre-Dame de Trédos, pèlerinage.
Étienne-de-Gourgas (St-), 484 h., c. de Lodève. ⟶ Cirque calcaire dit la Fin-du-Monde; grottes et cascades.
Fabrègues, 1,381 h., 3° c. de Montpellier. ⟶ Vieux château d'Aguac.
Faugères, 1,300 h., c. de Bédarieux.
Félines-Hautpoul, 737 h., c. d'Olonzac. ⟶ Vestiges d'un château fort détruit par Simon de Montfort.
Félix-de-l'Héras (Saint-), 108 h., c. du Caylar.

Félix-de-Lodez (Saint-), 575 h., c. de Clermont-l'Hérault.
Ferrals-les-Montagnes, 759 h., c. d'Olonzac. ⟶ Magnifiques fontaines alimentant la Cesse.
Ferrières, 69 h., c. de Claret.
Ferrières, 284 h., c. d'Olargues.
Florensac, 3.952 h., ch.-l. de c., arrond. de Béziers.
Fontanès, 101 h., c. de Claret.
Fontès, 1,025 h., c. de Montagnac. ⟶ Cratère d'un ancien volcan.
Fos, 162 h., c. de Roujan.
Fouzilhon, 148 h., c. de Roujan.
Fozières, 111 h., c. de Lodève.
Fraisse, 1,283 h., c. de la Salvetat.
Frontignan, 3,637 h., ch.-l. de c., arrond. de Montpellier, sur le bord de l'étang d'Ingril, au pied du chaînon de la Gardiole. ⟶ Ancien pont. — Église des xiii° et xiv° s.; clocher fortifié. — Bel hôtel de ville.
Gabian, 1,354 h., c. de Roujan. ⟶ Tête d'un aqueduc romain. — Église romane, remaniée au xv° s. — Ruines de l'église de Ste-Croix. — Château de Cassan, au-dessous des ruines du château de Sainte-Marthe.
Galargues, 455 h., c. de Castries.
Ganges, 4,415 h., ch.-l. de c., arrond. de Montpellier, sur une presqu'île formée par le confluent du torrent de Sumène et de l'Hérault. ⟶ Ruines d'un château. — Jolies promenades. — Fontaines. — Défilés de l'Hérault, de la Sumène, de la Vis; grottes.
Garrigues, 110 h., c. de Claret.
Gély-du-Fesc (Saint-), 566 h., c. des Matelles.
Geniès (Saint-), 812 h., c. de Castries. ⟶ Ancien château.
Geniès-de-Varensal (Saint-), 291 h., c. de Saint-Gervais.
Geniès-le-Bas (Saint-), 908 h., c. de Murviel. ⟶ Église du xiv° s. — Jolie fontaine.
Georges-d'Orques (Saint-), 947 h., c. de Montpellier.
Gervais (Saint-), 2,055 h., ch.-l. de c., arrond. de Béziers. ⟶ Restes d'un château.
Gigean, 1,878 h., c. de Mèze. ⟶ Ruines de St-Félix de Montceau (xii° s.).
Gignac, 2,847 h., ch.-l. de c.,

arr. de Lodève, à 1 kil. de l'Hérault. ⟶ Église à 3 nefs (tour carrée). — Tour quadrangulaire à bossages (réservoir), dont la destination primitive est inconnue. — Église Notre-Dame de Grâce, que l'on croit avoir été un temple de Vesta ; pèlerinage.

Borniès, 461 h., c. de Ganges. ⟶ Château. — Belles gorges de la Vis.

Grabels, 717 h., 3ᵉ c. de Montpellier. ⟶ Château d'O.

Graissessac, 2,880 h., c. de Bédarieux. ⟶ Mont Agut (1,013 mèt.).

Guilhem-le-Désert (Saint-), 821 h., c. d'Aniane, au confluent de l'Hérault et du Verdus. ⟶ Église qui faisait partie d'un monastère fondé en 804 par saint Guilhem ou Guillaume ; tour carrée ; à l'intérieur, autel et tombeau en marbre blanc. — Ancien cloître. — Maisons à façades romanes. — Vieille tour crénelée. — Restes d'une double enceinte avec tour ronde. — Cabinet du Géant, tour carrée, bâtie sur la pente d'une montagne couronnée par les ruines du château de Don Juan. — Cascades du Verdus. — Écho de Bissonne. — Dans les environs : grottes de Brunan et de la Baume-Cellier ; ermitage de Notre-Dame Belle-Grâce ; lacs Montagné, des Ramassèdes, de la Verrerie. — Belles gorges de Saint-Guilhem (V. p. 30). — Belle source de la Clamouse. — Petits lacs des Ramassèdes, de Montagne et de la Verrerie.

Guiraud (St-), 176 h., c. de Gignac.

Guzargues, 123 h., c. de Castries. ⟶ Bas-relief du tympan de l'église.

Hérépian, 1,278 h., c. de Saint-Gervais. ⟶ Église romane.

Hilaire (St-), 174 h., c. de Castries.

Jacou, 141 h., c. de Castries.

Jean-de-Buèges (Saint-), 651 h., c. de Saint-Martin-de-Londres.

Jean-de-Cornies (Saint-), 80 h., c. de Castries.

Jean-de-Cuculles (Saint-), 162 h., c. des Matelles. ⟶ Source du Lez.

Jean-de-Fos (Saint-), 1,407 h., c. de Gignac. ⟶ Abîme du Drac (V. p 30). — Pont de Saint-Guilhem ou du Diable (xiᵉ s.), sur l'Hérault.

Jean-de-la-Blaquière (Saint-), 452 h., c. de Lodève.

Jean-de-Védas (Saint-), 864 h., 3ᵉ c. de Montpellier.

Joncels, 603 h., c. de Lunas. ⟶ Ruines d'une abbaye (xiiᵉ-xiiiᵉ s.).

Jonquières, 305 h., c. de Gignac.

Julien (Saint-), 583 h., c. d'Olargues. ⟶ Grotte. — Ruines des Castellassés.

Just (Saint-), 486 h., c. de Lunel.

Javignac, 86 h., 3ᵉ c. de Montpellier. ⟶ Église fortifiée. — Château de la Piscine. — Bains de Foncaude.

Lacoste, 246 h., c. de Clermont.

Lagamas, 73 h., c. de Gignac.

Lamalou-les-Bains, 590 h., c. de Saint-Gervais, station thermale. ⟶ Église romane de St-Pierre de Rèdes. — Il y a trois établissements : Lamalou-le-Haut, situé sur un plateau planté de châtaigniers séculaires ; Lamalou-le-Bas et Lamalou du Centre ou Bassin de Capus. — Rives pittoresques de l'Orb.

Lansargues, 1,655 h., c. de Mauguio.

Laroque, 534 h., c. de Ganges.

Lattes, 440 h., 2ᵉ c. de Montpellier, sur le Lez, à 1 kil. de l'étang de Pérols ; ancien port de Montpellier. ⟶ Vestiges d'antiquités. — Église romane.

Laurens, 1,078 h., c. de Murviel.

Lauret, 199 h., c. de Claret.

Lauroux, 387 h., c. de Lodève.

Lavalette, 144 h., c. de Lunas.

Lavérune, 616 h., 3ᵉ c. de Montpellier. ⟶ Ancien château épiscopal.

Lésignan-la-Cèbe, 758 h., c. de Montagnac.

Lespignan, 1,616 h., 2ᵉ c. de Béziers. ⟶ Église du xivᵉ s. — Ruines d'une église romane.

Liausson, 143 h., c. de Clermont-l'Hérault. ⟶ Grotte.

Lieuran-Cabrières, 241 h., c. de Montagnac.

Lieuran-lès-Béziers, 427 h., 1ᵉʳ c. de Béziers.

Lignan, 327 h., 1ᵉʳ c. de Béziers.

Livinière (La), 1,073 h., c. d'Olonzac. ⟶ Gouffres d'une profondeur inconnue. — Ancien étang salin.

Lodève, 10,528 h., ch.-l. d'arr., à 174 mèt., au confluent de la Lergue et de la Soulondres, au pied de montagnes (cultivées jusqu'au sommet) dont le point culminant, le mont du Pertus, a 850 mèt. »→ *Église Saint-Fulcran* (x° s.), ancienne cathédrale, reconstruite au xiii° s., et remaniée au xvi°; tourelles à màchicoulis à la façade O.; tour carrée à 3 étages (servant de clocher) à grandes fenêtres ogivales et flanquée d'une tourelle hexagonale (56 mèt. de hauteur). A l'intérieur, grande nef. terminée par un chœur sans abside; magnifique autel; chaire élégante; tombeau de l'évêque Plantavit de la Pause (xvii° s.), avec la statue du prélat, en marbre. Crypte très ancienne. Au S. du chœur, cloître ruiné, partie roman, partie ogival. — Nouvelle église (1851). — *Ancien évêché*, transformé en hôtel de ville, en tribunal, en presbytère et en caserne de gendarmerie. — Belle *promenade* publique, ornée d'une pièce d'eau. — *Tour* ronde à màchicoulis, sur le boulevard des Récollets. — Ruines du château de Montbrun, sur une colline au delà de la Soulondres. — Vieux *pont* et *pont en fer*, sur la Soulondres. — Environs pittoresques : gorges de la Lergue, etc. — A 1 h. 1/2

Église de Frontignan.

de marche, monastère de *Saint-Michel de Grammont*, fondé au xii° s., aujourd'hui maison de campagne et ferme; église ogivale dominée par une belle tour; cloître au milieu duquel jaillit un jet d'eau. — A 200 ou 300 mèt. du couvent, *dolmen*.

Loupian, 1,409 h., c. de Mèze. »→ Petite église romane. — Belle église gothique.

Lunas, 1,330 h., ch.-l. de c., arrond. de Lodève, sur le Gravaison. »→ Sur le rocher du Redondel, ruines d'un château antérieur au xii° s. — Église en partie romane.

Lunel, 8.315 h., ch.-l. de c., arr. de Montpellier. »→ Église, clocher fort élevé. — Fontaine du cours Valoutéra, surmontée d'un obélisque. — Beau *parc*. — *Collège*.

Lunel-Vieil, 985 h., c. de Lunel. »→ Grottes.

Magalas, 1,549 h., c. de Roujan. »→ Église du xiii° s. — A 2 kil , restes du prieuré d'Affaniès.

Maraussan, 1,372 h., 2° c. de Béziers. ⟶ Église du XIII⁰ s., restaurée.

Margon, 227 h., c. de Roujan. ⟶ Église du XI⁰ ou du XII⁰ s. — Donjon.

Marseillan, 3,994 h., c. d'Agde, petit port très commerçant sur l'étang de Thau.

Marsillargues, 5,368 h., c. de Lunel. ⟶ Beau château de 1623.

Martin-de-Combes (Saint-), 39 h., c. de Lunas.

Martin-de-l'Arçon (Saint-), 389 h., c. d'Olargues.

Martin-de-Londres (Saint-), 1,025 h., ch.-l. de c., arrond. de Montpellier. ⟶ Ruines du château de la Roquette. — Restes de fortifications. — Église romane à trois absides égales dont deux forment les croisillons (XI⁰ s.).

Mas-de-Londres, 234 h., c. de Saint-Martin-de-Londres.

Matelles (Les), 470 h., ch.-l. de c., arr. de Montpellier, sur le Liron (belles sources), à 300 mèt. de sa source. — Colonie agricole d'orphelins. ⟶ Ruines du château fort de Montferrand et de la tour de Vias.

Mathieu-de-Tréviers (Saint-), 400 h., c. des Matelles.

Mauguio, 2,212 h., ch.-l. de c., arrond. de Montpellier, à 5 kil. au N. de l'étang du même nom (V. p. 12).

Maureilhan-et-Ramejan, 1,007 h., c. de Capestang.

Maurice (Saint-), 662 h., c. du Caylar. ⟶ Château. — A la Prunarède, beaux dolmens.

Mérifons, 69 h., c. de Lunas.

Mèze, 6,823 h., ch.-l. de c., arr. de Montpellier, port principal de l'étang de Thau. ⟶ Ruines d'un temple de Pallas et d'un castellum. — Église du XIV⁰ s.

Michel (Saint-), 242 h., c. du Caylar. ⟶ Château.

Minerve, 266 h., c. d'Olonzac, dans une situation très pittoresque, sur un rocher à pic dominant le confluent de la Cesse et du Brian. ⟶ Église ancienne ; autel consacré en 456 par saint Rustique. — Ruines d'un château dont s'empara Simon de Montfort, après un siège célèbre dans l'histoire de la guerre des Albigeois (1210). — Sites grandioses en amont de Minerve, dans les gorges de la Cesse et surtout du Brian. — Grottes et dolmens.

Mireval, 660 h., c. de Frontignan.

Mons, 933 h., c. d'Olargues.

Montady, 408 h., c. de Capestang. ⟶ Tour d'un ancien château.

Montagnac, 4,051 h., ch.-l. de c., arr. de Béziers, sur la rive g. de l'Hérault. ⟶ Ancienne place forte, remarquable par sa situation, son église à 3 nefs, son clocher et la tour Constance.

Montarnaud, 604 h., c. d'Aniane. ⟶ Château. — Lac d'Encontre.

Montaud, 268 h., c. de Castries. ⟶ Château de Montlaur.

Montbazin, 1,163 h., c. de Mèze. ⟶ C'est l'ancien *Forum Domitii* ; vestiges de la voie Domitienne et tombeau d'un flamine. — Ancien château.

Montblanc, 1,492 h., c. de Servian. ⟶ Église fortifiée des XI⁰ et XV⁰ s.

Montels, 75 h., c. de Capestang. ⟶ Ruines du château de Castellas.

Montesquieu, 149 h., c. de Roujan.

Montferrier, 663 h., 2⁰ c. de Montpellier, sur une colline de basalte, dominant le Lez. ⟶ Château du XI⁰ s. — Château du XVII⁰ s. — Château de la Valette, beaux ombrages.

Montouliers, 375 h., c. de Saint-Chinian.

Montoulieu, 149 h., c. de Ganges.

Montpellier, 55,258 h., ch.-l. du département, à 44 mèt., au confluent du Lez et du Merdanson, sur une colline d'où l'on découvre au S. la Méditerranée, au S.-O. les Pyrénées, au N. les Cévennes, à l'E. le mont Ventoux. ⟶ *Cathédrale Saint-Pierre*, autrefois chapelle d'un monastère de Bénédictins, fondée en 1364 par Urbain V. Détruite en partie pendant les guerres religieuses du XVI⁰ s., elle n'avait gardé que trois tours des quatre qui s'élevaient aux angles de la nef; la quatrième a été rétablie en 1856 par M. Révoil, qui a aussi agrandi l'édifice et a construit le nouveau chœur. Cette restauration, en style de la fin du XIII⁰ s., a fait de cette basilique un des plus grands vaisseaux du Midi : 92ᵐ,20 de longueur, 28 mèt. de largeur, 27 mèt. de hauteur. A l'intérieur, tableaux de Sébastien Bourdon (*la Chute de Simon le magicien*), de Mignard, d'Ant. Ranc et de Jean de Troy. — Nouvelle *église Saint-Roch* : reliques du patron, né à Montpellier. — *Sainte-Eulalie*, grand et beau vaisseau. — *Notre-Dame*; *Saint-Jean-Baptiste*, tableau par Vien. — Belle église de la *Providence*. — *Église Saint-Denis*, bâtie en 1699, par d'Aviler, dans le style toscan. — *Chapelle des Pénitents bleus*; Christ colossal, en marbre de Carrare.

Des anciennes *fortifications*, il reste les *tours des Pins* (près de la cathédrale) et *de l'Observatoire*, les *portes* (xviiie s.) *de la Blanquerie* et *du Peyrou* : celle-ci est plutôt un arc de triomphe, d'ordre dorique (15

Ancienne cathédrale de Lodève.

mèt. de hauteur sur 18 de largeur), construit en 1712, en l'honneur de Louis XIV, par d'Aviler, d'après les dessins de Darboy. Sous l'archivolte, quatre bas-reliefs de Bertrand rappellent la Révocation de l'Édit de Nantes, la création du canal du Languedoc, les victoires et les conquêtes de Louis XIV. — *École de médecine* dans un ancien monastère de Bénédictins, devenu palais épiscopal en 1536 (faces à màchicoulis). Porte d'entrée flanquée de deux statues colossales en bronze représentant les médecins Barthez et La Peyronnie. A l'intérieur : grand amphithéâtre (siège antique de marbre, trouvé au xviiie s. dans les arènes de Nîmes; buste en marbre de Chaptal, par Comoli); salle des Actes (buste antique d'Hippocrate en bronze; ceux d'Esculape et d'Hygie en marbre); salle du Conseil (portraits de tous les professeurs depuis 1239, entre autres ceux de Rabelais et de Rondelet: quelques-uns de ces portraits sont de Sébastien Bourdon, d'autres de l'école de Rubens); musée anatomique (magnifiques collections); bibliothèque (50,000 vol., 600 manuscrits, parmi lesquels: la Bible de Jean XXII et la correspondance de la reine Christine de Suède, trois manuscrits autographes du Tasse, etc.; plus de 500 dessins originaux ou tableaux de maîtres. — *Hôtel de ville*. — *Ancien collège de chirurgie* de Saint-Côme (1756), aujourd'hui tribunal de commerce et halle aux grains. — *Palais de Justice* (1846); péristyle corinthien avec les statues de Cambacérès et du cardinal de Fleury. — *Préfecture*. — *Théâtre*. — *Hôpital général; hôpital Saint-Éloi*. — *Asile des aliénés*, derrière lequel se trouvent les restes de la *fontaine de Jacques-Cœur*. — *Citadelle* construite en 1624 et rebâtie récemment. — *Musée Fabre*: plus de 600 tableaux, 27 marbres, 17 bronzes et nombreux dessins. — *Bibliothèque publique*, 60,000 vol. — *Place du Peyrou*, commencée en 1689 par d'Aviler, achevée en 1785 sur les plans de Giral et de Donnat, une des plus belles et des plus célèbres de la France; de la terrasse, vue magnifique, du mont Ventoux aux Pyrénées, des Cévennes à la mer; belle *statue* équestre de Louis XIV, par Debay et Carbonneaux. —Sur la place de la Canourgue, *fontaine des Licornes*, en marbre, construite en l'honneur du maréchal de Castries, vainqueur à Closterkamp. — *Fontaines* de la place de la Préfecture (statue de Cybèle) et de la place du Théâtre (groupe des Trois-Grâces, par D'Antoine, de Marseille). — Un bel *aqueduc* (1753-1766), à deux rangées d'arcades superposées, amène au château d'eau de la place du Peyrou les eaux de la fontaine de (9 kil.) Saint-Clément et une partie des eaux du Lez. — Promenades: l'*Esplanade*, plantée de trois allées de magnifiques platanes; *Jardin des Plantes*, fondé par Henri IV en 1593 (44,400 mèt. carrés; orangerie, trois serres, arbres énormes). — Près de l'école botanique, *monument* qui passe à tort pour le tombeau de Narcissa, fille adoptive de Young, l'auteur des *Nuits*.

Montpeyroux, 1,492 h., c. de Gignac. ⇒ Restes d'un château.

Moulès-et-Baucels, 158 h., c. de Ganges.

Mourèze, 114 h., c. de Clermont, sur la Dourbie. ⇒ Château ruiné.— Cirque naturel (*V.* p. 30).

Mudaison, 649 h., c. de Mauguio.

Murles, 67 h., c. des Matelles.

Murviel, 1,980 h., ch.-l. de c., arrond. de Béziers.

Murviel, 414 h., 3ᵉ c. de Montpellier. ⇒ C'est l'ancienne *Altimurium*, détruite en 737 par Charles Martel. — Restes considérables d'un oppidum. Les murs d'enceinte (1,920 mèt. de long.) ont de 3 mèt. à 3ᵐ,50 d'épaisseur; les blocs qui les composent, en calcaire très dur, sont superposés et rangés sans mortier et sans ciment et ressemblent plutôt, selon M. Desjardins, aux murs construits en Italie par les Ombriens, qu'aux murs gaulois de Murcens.—Fontaine romaine.

Nazaire (St-), 180 h., c. de Lunel.

Nazaire-de-Ladarez (Saint-), 942 h., c. de Murviel.

Nébian, 953 h., c. de Clermont.

Neffiès, 1,045 h., c. de Roujan. ⇒ Ruines d'un château du xiᵉ s.

Nézignan-l'Évêque, 880 h., c. de Pézenas. ⇒ Château de Ste-Cécile.

Nissan, 2,216 h., c. de Capestang. ⇒ Sur la montagne d'Enserune, nombreux vestiges d'antiquités: restes d'aqueducs, puits, débris de constructions, mosaïques, médailles, etc. — Tunnel du chemin de fer (500 mèt.) percé au-dessous de celui du canal du Midi et au-dessus de la galerie de Montady, dans le col de Malpas, qui sépare le bassin de l'Orb de celui de l'Aude.

Nizas, 635 h., c. de Montagnac.

Notre-Dame-de-Londres, 367 h., c. de Saint-Martin-de-Londres. ⇒ Ancien château.

Cathédrale et Faculté de médecine, à Montpellier.

Octon, 515 h., c. de Lunas.
Olargues, 1,040 h., ch.-l. de c., arr. de Saint-Pons, sur le Jaur. ⟶ Beau pont.
Olmet-et-Villecun, 125 h., c. de Lodève.
Olonzac, 1,862 h., ch.-l. de c., arr. de Saint-Pons.
Oupia, 513 h., c. d'Olonzac.
Pailhès, 240 h., c. de Murviel.
Palavas, 692 h., 2ᵉ c. de Montpellier, à l'embouchure du Lez (rive g.), entre la mer, l'étang de Pérols et celui du Prévost. ⟶ Station balnéaire.
Pardailhan, 855 h., c. de St-Pons.
Pargoire (Saint-), 1,910 h., c. de Gignac. ⟶ Église du XIIᵉ s.
Parlatges, 205 h., c. de Lodève. ⟶ Dolmen à St-Pierre-de-la-Fage.
Paul-et-Valmalle (Saint-), 502 h., c. d'Aniane.
Paulhan, 1,612 h., c. de Clermont.
Pégairolles-de-Buèges, 194 h., c. de Saint-Martin, près de la source de la Buèges. ⟶ Tour sur une colline.
Pégairolles de-l'Escalette, 388 h., c. du Caylar. ⟶ Chapelle St-Vincent (822 mèt.). — Pas-de-l'Escalette (vue étendue); du haut des rochers en amphithéâtre du Larzac, la Lergue descend en cascades.-Fontaines abondantes.
Peret, 799 h., c. de Montagnac. ⟶ Belle fontaine.
Pérols, 1,086 h., 2ᵉ c. de Montpellier. ⟶ Au bord de l'étang de Pérols, source minérale du Boulidou (V. p. 57).
Pézenas, 7,966 h., ch.-l. de c., arr. de Béziers, sur le Peyne, dans un bassin riant et fertile appelé « le Jardin de l'Hérault. » ⟶ Porte de la Juiverie (XIVᵉ s.). — Maisons du XVᵉ et du XVIᵉ s.
Pézènes, 505 h., c. de Bédarieux.
Pierrerue, 455 h., c. de St-Chinian.
Pignan, 2,081 h., 3ᵉ c. de Montpellier. ⟶ La ville a conservé son aspect du moyen âge (tours, ruelles fortifiées, etc.). — Ruines d'un château du Xᵉ s. — A 2 kil. au N.-E., église du Vignogoul, bâtie vers 1220 pour une abbaye de religieuses bénédictines et où l'on remarque un curieux mélange des styles roman et ogival primitif; jubé.
Pinet, 822 h., c. de Florensac.

Plaissan, 449 h., c. de Gignac.
Plans (Les), 257 h., c. de Lodève.
Poilhes, 292 h., c. de Capestang.
Pomérols, 1,818 h., c. de Florensac.
Pons-de-Mauchiens (Saint-), 766 h., c. de Montagnac.
Pons-de-Thomières (Saint-), 5,809 h., ch.-l. d'arr., à 316 mèt., sur les deux rives et près de la source du Jaur. ⟶ Ancienne *abbaye*, érigée en évêché en 1318 (supprimé en 1801). — *Cathédrale* du XIIᵉ s., voûtée en berceau brisé; façade du XVIIIᵉ s. — *Maison du Gouverneur*. — *Tour* crénelée du XVIᵉ s., sur le plateau qui domine une magnifique source formant lac. — *Chapelle* du XIVᵉ s., aujourd'hui magasin de bois, et dont la tradition attribue la fondation à Charlemagne. — *Grotte du Pontil* (fossiles et antiquités).
Popian, 157 h., c. de Gignac.
Portiragnes, 505 h., 1ᵉʳ c. de Béziers. ⟶ Église romane; abside et portail du XVᵉ s.
Pouget (Le), 1,097 h., c. de Gignac.
Poujol (Le), 1,125 h., c. de Saint-Gervais. ⟶ Église de Saint-Pierre de Rodes, probablement du Xᵉ s.
Poujols, 221 h., c. de Lodève.
Poussan, 2,553 h., c. de Mèze. ⟶ Fontaine de Lissanca, qui naît dans le lit de l'Avène et fournit d'eau potable la ville de Cette.
Pouzolles, 1,016 h., c. de Roujan. ⟶ Église du XVᵉ s. — Château du XVIᵉ s.; à l'intérieur, belle cheminée.
Pouzols, 407 h., c. de Gignac.
Pradal (Le), 128 h., c. de Bédarieux.
Prades, 368 h., c. des Matelles. ⟶ Beaux rochers d'où s'échappe la superbe source du Lez.
Prémian, 922 h., c. d'Olargues.
Privat (Saint-), 480 h., c. de Lodève.
Puech (Le), 220 h., c. de Lodève.
Puéchabon, 865 h., c. d'Aniane. ⟶ Lacs des Combettes, du Bol et de la Liquière, mare des Matellettes.
Puilacher, 101 h., c. de Gignac.
Puimisson, 568 h., c. de Murviel. ⟶ Église du XIIᵉ s. — Château.
Puissalicon, 877 h., c. de Servian. ⟶ Tour du XIᵉ s., au cimetière.
Puisserguier, 2,806 h., c. de Capestang.

Quarante, 1,772 h., c. de Capestang. ⇒ Église de 982 à trois nefs avec transsept, absides demi-circulaires, coupole à la croisée du transsept; sarcophage antique en marbre blanc avec deux figures en bas-relief.
Restinclières, 282 h., c. de Castries. ⇒ Château.
Rieussec, 301 h., c. de Saint-Pons.
Riols, 2,214 h., c. de Saint-Pons. ⇒ Saut de Vésoles (V. p. 32).
Rives (Les), 242 h., c. du Caylar.
Romiguières, 59 h., c. de Lunas.
Roquebrun, 1,263 h., c. d'Olargues. ⇒ Fontaine intermittente. — Beau pont sur l'Orb.

Roqueredonde, 310 h., c. de Lunas.
Roquessels, 216 h., c. de Roujan.
Rosis, 830 h., c. de Saint-Gervais.
Rouet, 118 h., c. de Saint-Martin.
Roujan, 2,011 h., ch.-l. de c., arr. de Béziers. ⇒ Église (XIIIe-XIVe s.); haute tour carrée. — Château des XVe et XVIe s. ⇒ A 1.500 mèt. au S., ancienne église prieurale de Saint-Nazaire; porche roman.
Salasc, 285 h., c. de Clermont.
Salvetat (La), 3,656 h., ch.-l. de c., arr. de Saint-Pons, sur un promontoire baigné de trois côtés par l'Agout. ⇒ A 2 kil. à l'O., établissement et eaux minérales de Rieumajou.

Pont romain de Saint-Thibéry.

Saturargues, 238 h., c. de Lunel.
Saturnin (St-), 286 h., c. de Gignac.
Saussan, 403 h., 3e c. de Montpellier.
Saussines, 401 h., c. de Lunel.
Sauteyrargues, 142 h., c. de Claret.
Sauvian, 447 h., 2e c. de Béziers. ⇒ Château. — Fontaine ornée d'un obélisque. — Colonne milliaire de Claude, surmontée d'une croix en fonte.
Seriès (Saint-), 236 h., c. de Lunel.
Sérignan, 2,392 h., 2e c. de Béziers. ⇒ Église du XIIIe s.; chœur du XIVe; bénitier formé d'un chapiteau qui a appartenu à une église romane

dont il reste l'abside. — Établissement de bains.
Servian, 2,760 h., ch.-l. de c., arr. de Béziers. ⇒ Ancien château.
Siran, 943 h., c. d'Olonzac.
Sorbs, 520 h., c. du Caylar.
Soubès, 829 h., c. de Lodève.
Soulié (Le), 1,080 h., c. de la Salvetat.
Soumont, 338 h., c. de Lodève. ⇒ Dolmen de Coste-Rouge, à Grammont (prieuré du XIe s.: cloître, salle capitulaire et chapelle bien conservés).
Sussargues, 356 h., c. de Castries. ⇒ Sur la colline de Regagnac, mo-

numents mégalithiques et vestiges d'antiquités gallo-romaines.

Taussac-et-Douch, 376 h., c. de Saint-Gervais.

Teyran, 344 h., c. de Castries.

Thézan, 1,114 h., c. de Murviel. ⟶ Église romane, remaniée au xve s. — A Astié, découverte d'une mosaïque.

Thibéry (Saint-), 2,096 h., c. de Pézenas. ⟶ Restes d'un pont romain, sur l'Hérault, et d'une abbaye (curieux escalier à vis). — Cirque de basalte et ancien volcan à triple sommet.

Tourbes, 849 h., c. de Pézenas. ⟶ Église du xive s. — Maisons du xve et du xvie s. — Tour en ruine de Valros.

Tressan, 462 h., c. de Gignac.

Triadou (Le), 55 h., c. des Matelles.

Usclas, 146 h., c. de Lodève.

Usclas-d'Hérault, 191 h., c. de Montagnac.

Vacquerie-et-Saint-Martin-de-Castries (La), 596 h., c. de Lodève. ⟶ Dolmens. — Château de Saint-Martin.

Vacquières, 286 h., c. de Claret.

Vailhan, 199 h., c. de Roujan. ⟶ Église du xie s., retouchée au xive. — Débris d'un château.

Vailhauquès, 592 h., c. des Matelles. ⟶ 3 dolmens près de Lacoste.

Valergues, 277 h., c. de Castries.

Valflaunès, 562 h., c. de Claret. ⟶ Ruines du château de Viviourès.

Valmascle, 87 h., c. de Clermont.

Valros, 630 h., c. de Servian. ⟶ Église, xive-xve s. — Tour romane.

Vélieux, 138 h., c. de Saint-Pons.

Vendargues, 1,006 h., c. de Castries. ⟶ Château en ruines, à Meyrargues, et maison d'un chevalier de Malte.

Vendémian, 576 h., c. de Gignac. ⟶ Lac de la Lavagne.

Vendres, 653 h., 2e c. de Béziers, sur l'étang de Vendres. ⟶ Ruines d'un temple de Vénus.

Vérargues, 155 h., c. de Lunel.

Verreries-de-Moussans, 570 h., c. de St-Pons. ⟶ Château de Moussans.

Vias, 2,070 h., c. d'Agde. ⟶ Église du xive s., fortifiée, sans bas-côtés ; magnifique rose ; clocher barlong à flèche de pierre. — Maison romane.

Vic, 377 h., c. de Frontignan, sur le bord d'un étang de 1,500 hect.

Vieussan, 794 h., c. d'Olargues.

Villemagne, 542 h., c. de Saint-Gervais. ⟶ Église romane de Saint-Grégoire. — Église Saint-Martin et Saint-Méjan (xive s.), débris d'un monastère. — Maison du xiie s. — Pont élevé.

Villeneuve-les-Béziers, 1,956 h., 1er c. de Béziers. ⟶ Église romane ; tour massive à six étages. — Tour d'un ancien château. — Maison à porte ogivale du xiiie s. — Puits artésien alimentant 25 fontaines et 10 abreuvoirs.

Villeneuve-lès-Maguelone, 1,476 h., c. de Frontignan, sur la plage de l'étang d'Arnel. ⟶ Église des viiie et xiiie s. — Grotte de la Madeleine, près de laquelle jaillit une source minérale. — Cirque de rocher dit le Creux de Miège. — A 4 kil. 1/2 au S.-O., près du bourrelet de sable qui sépare l'étang d'Arnel de la mer, presqu'île de Maguelone. La ville de Maguelone, fondée, dit-on, par une colonie de Marseille, siège d'un évêché dès les premiers siècles du christianisme, occupée par les Sarrasins, détruite en 737 par Charles Martel, reconstruite en 1037, démantelée par ordre de Louis XIII en 1633, est représentée aujourd'hui par une belle ferme et par l'église Saint-Pierre, l'ancienne cathédrale, qui a été rendue au culte catholique en 1875.

Villeneuvette, 266 h., c. de Clermont-l'Hérault.

Villespassans, 240 h., c. de Saint-Chinian. ⟶ Château ; haute tour.

Villetelle, 125 h., c. de Lunel. ⟶ A 1 kil. au S., sur le Vidourle, qui sépare le départ. du Gard de celui de l'Hérault, pont Ambroix, pont romain dont il reste 2 arches et une culée.

Villeveyrac, 2,594 h., c. de Mèze. ⟶ A 4 kil. O.-S.-O., abbaye de Valmagne (1138) : vaste église de 1257 ; cloître des xiie et xive s. (jolie fontaine); bâtiments des xve et xviiie s.

Vincent (Saint-), 928 h., c. d'Olargues. ⟶ Grotte de la Vézelle.

Vincent-de-Barbeyrargues (St-), 101 h., c. des Matelles.

Viols-en-Laval, 45 h., c. de Saint-Martin. ⟶ Château de Cambous.

Viols-le-Fort, 775 h., c. de Saint-Martin. ⟶ Château des Matelettes.

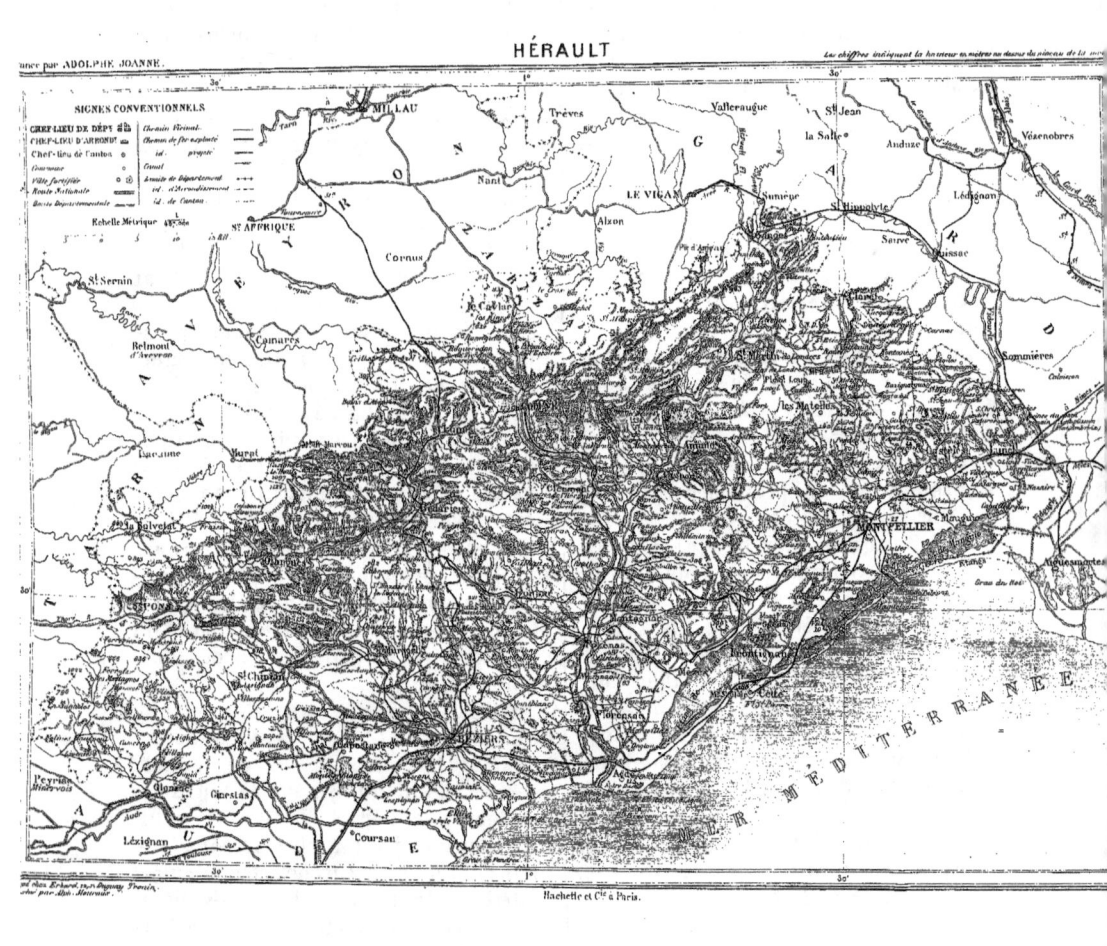

Toutes les Géographies de la collection sont en vente

IMPRIMERIE A. LAHURE, RUE DE FLEURUS, 9, A PARIS.